みんなの
デジタル

コンピュータ と ネットワーク

土屋 誠司
Tsuchiya Seiji
著

講談社

まえがき

　2022 年度から高等学校において新しい学習指導要領がスタートし，情報科においては「情報Ⅰ」が共通必履修科目として，「情報Ⅱ」が選択科目として設置された．そして，2025 年度からは大学入学共通テストにも導入されることとなった．文系理系を問わず皆が学ぶ必要があるということからも，「情報」が一般化されたことが伺える．その内容には，従来の情報系の学部や学科の大学 1 年生が学ぶ内容の多くが含まれ，国家試験である「IT パスポート」や国家資格である「基本情報技術者」試験の内容にも立ち入っている．もう，コンピュータサイエンスやデジタル技術に関する知識は「新しい教養」として知っておかなければならない時代になったのである．

　一方で，私たちは常日頃からコンピュータやスマートフォン，インターネットを便利に利用している．それらがなくてはならないものになっているにもかかわらず，どうやって動いているのか実はよくわからない，それらのことを人に説明できないという人が多いのではないかと思う．それは仕方がないことかもしれない．なぜならこれまでは，これらのことは，一部の専門家しか知らなくてよいことだったからである．しかし，それはもう昔の話となった．安心・安全に利用するためには，また，何かトラブルが生じた際には，その仕組みをしっかりと理解しておかなければ，うまく対処することができず，トラブルを回避することは難しくなってしまう．最悪，損失・損害を被ることになってしまう．

　そこで本書では，コンピュータとネットワークの重要項目について，それらの歴史や本質，原理を理解してもらうことに主眼を置いている．おもな読者の対象としては，大学生を想定している．大学の講義で活用していただけることを念頭に全 15 章の構成とし，章の内容によっては途中で例題を入れながら，各章末には「基本情報技術者」試験の科目 A テクノロジ系に準拠した問題を出題した．章末問題の解答はウェブ[注]に掲載しているので，そちらを参考にしてほしい．

　また，大学生だけではなく，高校生にも，さらにはリカレント教育として

[注]　講談社サイエンティフィックウェブサイトの下記の本書書籍ページに掲載している．
https://www.kspub.co.jp/book/detail/5379424.html

まえがき

社会人の方にもぜひ読んでほしい．文系理系を問わず多くの方に「本質」を理解してもらえるよう，身近な例を挙げながら解説し，概念として捉えられるように工夫した．もちろん，国家試験である「IT パスポート」や国家資格である「基本情報技術者」試験の補助教材としても活用していただける内容となっている．

物事の「本質」と「基本」を理解しさえしていれば，今後もますます進む情報化の波にも飲み込まれずにすむと思われる．本書を通じて，多くの方に新しい教養としての「情報」技術，特にコンピュータとネットワークの内容を楽しみながら理解し，身につけていただきたいと思う．

最後に，本書の出版にあたり，執筆の機会をくださり，わかりやすくも正しく読者に内容を伝えるためのご助言ならびにさまざまな編集作業などを担当してくださった株式会社講談社サイエンティフィクの鈴木周作様に厚く御礼を申し上げる．

2024 年 12 月

土屋　誠司

目次

第1章 コンピュータの中でのデータの表し方
データ表現 1

1.1	情報における単位	1
1.2	基数とは	2
1.3	数値の表現方法	3
1.4	計算したときに生じる誤差：演算誤差	6
	章末問題	8

第2章 コンピュータの中での計算と工夫
演算と符号理論 9

2.1	算数や数学のような計算：算術演算	9
2.2	ON と OFF の計算：論理演算	11
2.3	効率よく情報を表現する方法：符号理論	15
	2.3.1 コンピュータと誤りの関係	15
	2.3.2 パリティチェック方式による誤り検出	16
	2.3.3 パリティチェック方式による誤り訂正	17
	2.3.4 その他の誤り訂正	18
	2.3.5 符号理論という考え方	20
	章末問題	23

第3章 コンピュータに指示を与えるしくみ
プログラミングとアルゴリズム 24

3.1	コンピュータへの指示書を作成する：プログラミング	24
	3.1.1 値を保存するための変数と配列	25
	3.1.2 処理の選択と繰り返し	26
	3.1.3 処理内容をまとめる関数	26
3.2	効果的な指示書のひな型：アルゴリズム	27
	3.2.1 処理の流れをわかりやすくするフローチャート	28

v

3.2.2	自分自身を呼び出す再帰	29
3.2.3	データを並び替える処理	30
3.2.4	データを探す処理	31

3.3 データを扱いやすくするための工夫：データ構造 32
3.3.1	配列より操作が簡単なリスト	33
3.3.2	基本的な概念であるキューとスタック	33
3.3.3	木構造	34

章末問題 36

第4章 コンピュータの身体と頭脳
ハードウェア
37

4.1 コンピュータの基本構成 37
4.1.1	演算装置	38
4.1.2	制御装置	39
4.1.3	記憶装置	39
4.1.4	入力装置	39
4.1.5	出力装置	39

4.2 コンピュータの頭脳にあたる CPU 40
4.2.1	CPU の構成	40
4.2.2	命令語	41
4.2.3	命令の処理方法	43
4.2.4	CPU の性能	45
4.2.5	CPU と命令形式との関係性	46

4.3 情報を保存しておくための記憶装置 47
4.3.1	主記憶装置	48
4.3.2	キャッシュメモリ	49
4.3.3	補助記憶装置	52

4.4 コンピュータに情報を入れたり 出したりするための入出力装置 54

章末問題 57

第5章 コンピュータの連携・協働とその性能
コンピュータシステム
58

5.1 コンピュータシステムの利用方法 58

目次

5.2	コンピュータを安心・安全に稼働させるための工夫	61
5.3	コンピュータシステムの性能を確認する方法	64
5.4	トラブルを引き起こさないための工夫	65
章末問題		71

第6章 ハードウェアとユーザを仲介する機能
オペレーティングシステム
72

6.1	オペレーティングシステムとは	72
6.2	人間側から見たときの仕事の管理方法：ジョブ	74
6.3	コンピュータ側から見たときの仕事の管理方法：タスク	76
	6.3.1 タスクの切り替えタイミング	77
	6.3.2 タスクへの優先順位のつけ方	78
	6.3.3 タスクの状態遷移	78
6.4	コンピュータに記憶させる情報の整理方法	79
	6.4.1 主記憶領域の割り当て方法	80
	6.4.2 主記憶領域へのプログラムの再配置	81
	6.4.3 主記憶領域の保護	83
	6.4.4 主記憶領域を有効に利用する方法	83
6.5	コンピュータに保存するファイルの整理方法	85
章末問題		86

第7章 コンピュータと人が接するところ
ソフトウェア
87

7.1	文字，音声，動画像などの扱い方	87
	7.1.1 文字データの表現方法	87
	7.1.2 音声データの表現方法	92
	7.1.3 動画像データの表現方法	95
	7.1.4 マルチメディアの応用	99
7.2	プログラミングに使用する言語の種類	100
7.3	プログラミング言語をコンピュータが理解しやすいように変換するしくみ	103
7.4	みんなでソフトウェアを使用するという考え方	106
章末問題		107

vii

目次

第8章 データを蓄えて利活用するためのしくみ　108
データベース

8.1 データを蓄えるしくみ 108
8.2 データを効率よく保存する方法 109
8.3 データを利活用する方法 114
章末問題 119

第9章 コンピュータどうしを接続するしくみ　120
コンピュータネットワーク

9.1 ネットワークの種類 120
　9.1.1 コンピュータネットワークの歴史 121
　9.1.2 コンピュータネットワークの規模による分類 122
　9.1.3 コンピュータネットワークの接続形態 123
　9.1.4 有線によるコンピュータネットワーク 124
9.2 特定の限られた範囲でのネットワーク 126
9.3 ワイヤレスでコンピュータをつなげるための技術 127
9.4 ネットワークを機能ごとに整理した捉え方 130
9.5 データ通信のしくみ 132
　9.5.1 第1層：物理層 133
　9.5.2 第2層：データリンク層 134
　9.5.3 第3層：ネットワーク層 135
　9.5.4 第4層：トランスポート層 136
　9.5.5 第5層：セッション層 137
　9.5.6 第6層：プレゼンテーション層 137
　9.5.7 第7層：アプリケーション層 138
　9.5.8 OSI基本参照モデルとTCP/IPモデルの対応関係 139
章末問題 140

第10章 インターネットのしくみ　141
プロトコル

10.1 TCP/IPによる通信のしくみ 141
10.2 インターネットの中核的なしくみ 144

	10.2.1 IPアドレス（IPv4）	144
	10.2.2 IPv4とIPv6の関係	150
10.3	たくさんのコンピュータをネットワークにつなげるためのしくみ	151
章末問題		153

第11章 データを確実に送受信するためのしくみ
データ通信
154

11.1	送受信するときの速度	154
11.2	安心・安全に送受信するための交通整理	156
	11.2.1 ベーシック手順	156
	11.2.2 HDLC手順	159
11.3	アナログからデジタルに変換する方法	161
	11.3.1 波の原理と不思議	161
	11.3.2 いろんな変調方式	163
	11.3.3 変調と通信速度	166
	11.3.4 多重伝送技術	167
章末問題		170

第12章 インターネットでできること
インターネットサービス
171

12.1	インターネットで使用できる機能	171
	12.1.1 ポート番号	173
	12.1.2 ファイル転送と遠隔操作	174
	12.1.3 電子メール	175
	12.1.4 WWW	175
	12.1.5 DNS	176
12.2	ネットワークをうまく利用した事例	177
章末問題		178

第13章 コンピュータシステムを開発する手順
システム開発・技術
179

13.1	コンピュータシステムを開発するときの基本的な考え方	179

目次

13.2	どんなシステムが必要かを考える方法	183
13.3	ソフトウェアのつくり方	186
	章末問題	191

第14章 つくったシステムがうまくできているかをチェックする方法
テスト
192

14.1	1つのプログラムをチェックする方法	192
14.2	複数のソフトウェアをまとめてチェックする方法	195
14.3	どれだけチェックできたかを管理する方法	198
	章末問題	199

第15章 情報資産を守るために必要な技術と考え方
情報セキュリティ
201

15.1	情報資産を守るための心得	201
	15.1.1 情報セキュリティの三大要素	201
	15.1.2 情報セキュリティにおける2つの視点	202
	15.1.3 情報セキュリティマネジメントシステム	202
	15.1.4 リスクマネジメント	203
15.2	情報資産を守るための技術	204
	15.2.1 脅威とその対策	205
	15.2.2 不正のメカニズム	207
	15.2.3 情報セキュリティ技術	208
15.3	守りが弱くなりがちな箇所とそれに対する攻撃手法	214
	15.3.1 DoS攻撃	214
	15.3.2 ポートスキャン	215
	15.3.3 パスワードクラック	215
	15.3.4 バッファオーバーフロー攻撃	217
	章末問題	218

参考文献	219
索引	220

<table>
<tr><td>第
1
章</td><td># コンピュータの中での
データの表し方
データ表現</td></tr>
</table>

　私たちは日ごろ，言葉や数値，動画や静止画，音楽や音声などさまざまな情報に接している．たとえば，言葉は文字として，数値は数字として表現される．しかし，コンピュータは電気で動く機械でできているため，電気信号の「ON」と「OFF」として「1」と「0」しか表現できず，それ以外を扱うことはできない．では，コンピュータの世界では，それ以外の文字や数字をどのようにして表現し，扱っているのか？その疑問を本章では解き明かしていくこととする．

1.1　情報における単位

　現代のコンピュータはデジタルコンピュータといわれるものであり，電気で動いている．そのため，電気信号の「ON」と「OFF」の状態しか存在しない．それがいわゆるコンピュータが「1」と「0」しか扱えないゆえんである．この「1」か「0」の1桁のことを**ビット**（bit）と呼び，情報を表現するための最も小さな単位である．このビットをたくさん並べることで，さまざまなものを表現することになる．なお，ビットの桁数のことを**ビット数**（ビット幅）と呼ぶ．ただし，たくさんビットを並べると人間にはわかりにくく，読みにくい．そこで，8ビットをひとかたまりとして扱うことがある．この単位を**バイト**（byte）と呼び，おもにデータの大きさを表すときに用いられる．1バイトで表現できる組み合わせの種類（**情報量**）は，「1」か「0」が8個並んでいるため，$2^8 = 256$種類ということになる．

　いくら8ビットを1バイトというかたまりにまとめたとしても，その数がどんどん増えていけば，結局また人間には読みにくいものとなってしまう．そこで，**補助単位**というものを使って，見やすくする工夫がなされる．たとえば，表1.1に示す補助単位を用いて，1,000,000 byteは1 Mbyte（または，1 MB）と表現される．また，小さい値を表すときに使用される補助単位もある．

1

第1章 コンピュータの中でのデータの表し方 データ表現

10^3（または，10^{-3}）が基本になっているため，先の例であれば「,」で区切って表現される「0」部分が補助単位に変換されると思えばわかりやすい．

表 1.1 補助単位

記号	読み	数値	10 のべき乗倍
P	ペタ	1 000 000 000 000 000	10^{15}
T	テラ	1 000 000 000 000	10^{12}
G	ギガ	1 000 000 000	10^9
M	メガ	1 000 000	10^6
k	キロ	1 000	10^3
m	ミリ	0.001	10^{-3}
μ	マイクロ	0.000 001	10^{-6}
n	ナノ	0.000 000 001	10^{-9}
p	ピコ	0.000 000 000 001	10^{-12}
f	フェムト	0.000 000 000 000 001	10^{-15}

1.2 基数とは

コンピュータの中では，情報は「1」と「0」の 2 種類の記号を使って表現される．一方，私たちは通常の生活において数値を扱う際には，「0」～「9」の 10 種類の記号を使うことが一般的である．たとえば，表 1.2 に示すように，10 進数の「4」は 2 進数で表現すると「100」と表現できる．このように，同じ情報でも何種類の記号を使用するかで，表現方法は異なる．この「何」種

表 1.2 10 進数，2 進数，8 進数，16 進数の対応表

10 進数	2 進数	8 進数	16 進数	10 進数	2 進数	8 進数	16 進数
0	0	0	0	8	1000	10	8
1	1	1	1	9	1001	11	9
2	10	2	2	10	1010	12	A
3	11	3	3	11	1011	13	B
4	100	4	4	12	1100	14	C
5	101	5	5	13	1101	15	D
6	110	6	6	14	1110	16	E
7	111	7	7	15	1111	17	F

類の記号を使用するかということを**基数**（または，**底**）と呼ぶ．つまり，10進数の基数は10である．1バイトは8ビットであるため，基数は8の8進数，2バイトはその倍の16ビットとなる．これを基数16の16進数（「0」～「9」と「A」～「F」）で表現する方法もコンピュータではよく利用される．

1.3 数値の表現方法

　数学の時間に学習したように，数値は**整数値**と**実数値**の大きく2つに分けることができるが，コンピュータ上での表現方法の違いにより，図1.1のように，それぞれをさらに2つずつに分けて，計4種類に分類される．

図1.1　コンピュータ上での数値の分類

　符号なし整数は，10進数の数値をそのまま2進数に変換して表現したものである．たとえば，10進数の「6」は4ビットの2進数で「0110」となる．
　符号付き整数には，絶対値表現と補数表現の2種類がある．絶対値表現では，図1.2に示すように，先頭のビットで正「0」か負「1」かを表現する．そのため，4ビットの2進数では，10進数で「-7」～「7」の15種類の数値を表現できる．

図1.2　符号付き整数の絶対値表現（4ビット）

一方，補数表現は実際のコンピュータの内部で利用されている方法であり，変換はちょっと複雑である．2進数に変換したい10進数の値の絶対値を2進数で表現し，各桁の「1」と「0」を反転させた（1の補数）後，「1」を足した結果(2の補数)が補数表現である．たとえば，図1.3や表1.3のように，10進数の「－6」は，その絶対値である「6」を4ビットの2進数で表現すると「0110」となる．ここで，「1」と「0」を反転させると「－6」の1の補数である「1001」となり，これに「1」を足した「1010」が2の補数で，10進数「－6」の補数表現となる．なお，補数表現をとると，4ビットの2進数では，10進数で「－8」〜「7」の16種類の数値を表現することができ，絶対値表現よりもより効率的に数値を表現することができる．

固定小数点数は，小数点の位置をビット内の特定の場所に固定した表現方法であり，図1.4(a) に示す符号なし固定小数点数と図 (b) に示す符号付き固定小数点数の2種類がある．2つはほぼ同じような変換をしているが，符号付き固定小数点数では，負の値を表現するときに2の補数を利用している点が異なる点である．

図1.3　符号付き整数の補数表現（4ビット）

表1.3　符号付き整数（負）の絶対値表現と補数表現（4ビット）

10進数	絶対値表現	補数表現			
	2進数	絶対値	2進数	1の補数	2の補数
－8	-	8	1000	0111	1000
－7	1111	7	0111	1000	1001
－6	1110	6	0110	1001	1010
－5	1101	5	0101	1010	1011
－4	1100	4	0100	1011	1100
－3	1011	3	0011	1100	1101
－2	1010	2	0010	1101	1110
－1	1001	1	0001	1110	1111
0	0000	0	0000	1111	0000

1.3 数値の表現方法

(a) 符号なし固定小数点数

(b) 符号付き固定小数点数

図 1.4　固定小数点数

図 1.5　10 進数の 16 ビット浮動小数点への変換

浮動小数点数は，小数点の位置を固定せずに小数点数を表現する．図 1.5 に示すように，小数を指数表現にした際の符号，仮数部，指数部をそれぞれ 2 進数で表現し，合成することで変換する．

例題 1.1

-5.875 を整数部 4 ビット，小数部 4 ビットとする 8 ビットの符号付き固定小数点数で表現せよ．

例題 1.1 の解答

　-5.875 の絶対値を考えたとき，整数部は 5，小数部は 0.875 である．ここで，5 は

5

第1章　コンピュータの中でのデータの表し方　データ表現

4ビットの2進数で0101である．また，0.875は4ビットの2進数で1110である．これは，整数部を表している0101が$0 \times 2^3 + 1 \times 2^2 + 0 \times 2^1 + 1 \times 2^0 = 5$，小数部を表している1110が$1 \times \left(\dfrac{1}{2}\right)^1 + 1 \times \left(\dfrac{1}{2}\right)^2 + 1 \times \left(\dfrac{1}{2}\right)^3 + 0 \times \left(\dfrac{1}{2}\right)^4 = 0.875$からもわかる．

　4ビットの2進数に変換した整数部と小数部を結合すると01011110となるが，求めたい値は-5.875であるため，この2進数の2の補数をとる必要がある．まず，01011110のビットを反転させた1の補数は10100001となる．これに1を足すことで10100010となり，2の補数が算出される．つまり，-5.875を整数部4ビット，小数部4ビットとする8ビットの符号付き固定小数点数で表現すると10100010である．

1.4　計算したときに生じる誤差 ～演算誤差～

　数値の計算は，ちゃんと最後まですれば必ずきっちりと値が求まることが一般的である．しかし，私たちの生活の中でも，すべての計算を最後まできっちりとするのではなく，「なんとなくこれぐらい」といったように概算で良い場合もある．たとえば，四捨五入という操作もおおよその値を知るためには大変便利な計算方法である．ただし，このような概算をした場合には，本当の値との間に必ず誤差が生じることになる．

　このような誤差は，コンピュータで計算した際にも生じるものであり，「コンピュータの答えはいつも正確で誤差なく正しい」と感じる印象とは異なるのではないだろうか．このようなことが起こる原因は，数値を有限の桁数で表現していることにある．コンピュータでは，数値を表現するためのビット数があらかじめ決められており，その数により，32ビットマシーンや64ビットマシーンといった呼ばれ方がされている．数値は元来無限に続くものであるため，その数値を有限個の桁数の値で表現すること自体に無理が生じる．そのため，**演算誤差**と呼ばれる誤差が発生することとなる．演算誤差としては，桁落ち，情報落ち，丸め誤差，打切り誤差，オーバーフローの大きく分けて5種類の現象が起こりえる．

1.4 計算したときに生じる誤差　～演算誤差～

桁落ちとは，ほぼ等しい数値どうしを減算することにより，有効桁数が減少してしまう現象である．たとえば，0.12 から 0.11 を引くと 0.01，つまり 0.1×10^{-1} となり，有効桁数が 2 から 1 へと減ってしまう．

情報落ちとは，絶対値の大きい数値と小さい数値を加減算する際に，絶対値の小さい数値が演算結果に反映されない現象である．たとえば，1.2×10 に 1.1×10^{-1} を足す場合，演算結果は 12.11 となるが，有効桁数が 2 であるため，1.2×10 と表現することとなってしまう．つまり，加算したはずの 1.1×10^{-1} が反映されず，なかったものとして扱われてしまうこととなる．

丸め誤差とは，有限桁からあふれた数値を処理することで発生する現象である．先に例にあげた四捨五入はこれにあたる．他に，切り上げ，切り捨ての処理でも同様のことが起こってしまう．

打切り誤差とは，一定の桁数で演算を打ち切ったり，時間の都合で演算を途中でやめてしまったりすることで発生する現象である．同じ数が繰り返される循環小数や，徐々に計算精度が上がってくるシミュレーションを行う際などに，やむを得ず発生させざるをえないこともある．

オーバーフローとは，演算結果が表現可能な数値の範囲を超えることで発生する現象である．オーバーフローの例を図 1.6 に示す．コンピュータの内部では，つねに起こりえる現象である．なお，逆に，浮動小数点の演算結果が，表現可能な数値の最小値を下回ることで発生する現象のことを**アンダーフロー**と呼ぶ．

$$
\begin{array}{rcr}
0101 &=& 5 \\
+\,0100 &=& 4 \\
\hline
1001 &=& -7\,?
\end{array}
\qquad
\begin{array}{rcr}
1011 &=& -5 \\
+\,1100 &=& -4 \\
\hline
10111 &=& 7\,?
\end{array}
$$

あふれたビットは捨てる

図 1.6　オーバーフロー（符号付き整数，4 ビット）

章末問題

1.1 次の10進数の小数のうち，2進数にすると無限小数になるものをすべて選びなさい．

【解答群】
　　ア．5.0　　　イ．0.5　　　ウ．0.05　　　エ．0.005

1.2 次の説明のうち，適切なものをすべて選びなさい．

【解答群】
　　ア．2進数の有限小数は，10進数にしても必ず有限小数になる．
　　イ．10進数の有限小数は，2進数にしても必ず有限小数になる．
　　ウ．16進数の有限小数は，10進数にすると必ず有限小数になるとは限らない．
　　エ．10進数の有限小数は，16進数にすると必ず有限小数になるとは限らない．

1.3 10進数の演算「7÷32」の計算結果を2進数で示しなさい．

1.4 2進数「10101110」と表された8ビットの符号付き整数（2の補数表現）の絶対値を10進数で示しなさい．

第 **2** 章

コンピュータの中での 計算と工夫
演算と符号理論

　コンピュータやスマートフォンを使ってメッセージのやり取りをしたり，動画を見たり，音楽を聴いたりすることは，ごく普通のこととなっている．これを実現するために，コンピュータの内部ではさまざまな計算をしている．では，どのような計算をしているのか？　また，コンピュータも万全ではなく，時としてデータの表記を間違うこともある．そこで本章では，データをいかに効率的に，効果的に表現できるのか？　これらについて見ていくこととする．

2.1　算数や数学のような計算 〜算術演算〜

　計算と聞くと四則演算を思い浮かべる人が多いと思う．しかし，コンピュータの内部では，じつは，加算（足し算）しか行うことができないのである．一見これでは，さまざまな演算ができず，不便で，複雑なことは到底できないように思う．しかし，よく考えてほしい．減算（引き算）は負の値の加算，乗算（掛け算）は加算の繰り返し，除算（割り算）は減算の繰り返しとして表現できる．コンピュータの内部では，これらの**算術演算**を高速に実行しているのである．図 2.1 に加算と減算の例を示す．第 1 章で説明した 2 の補数はここで活用されていることがわかる．

　乗算と除算に関しては，加算と減算を繰り返す方法以外のやり方も存在する．たとえば，図 2.2 のように左にビットをずらすことで 2 倍，4 倍と 2^n 倍に，逆に，右にビットをずらすことで 1/2 倍，1/4 倍と 2^{-n} 倍に値を変更することができる．これを**論理シフト**と呼び，符号ビットがない場合に用いられる．

　一方，符号ビットがある場合は，そう単純な話ではない．たとえば，図 2.3 のように「−2」について考える．特に，値を 1/2 倍にしたいとき，先の例を参考にすると，右に 1 ビットシフトすれば良いことになる．しかし，「1110」を

第 2 章 コンピュータの中での計算と工夫 演算と符号理論

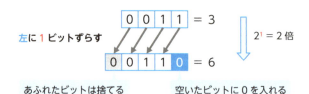

図 2.1 2 進数どうしの加算と減算（4 ビット）

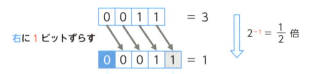

図 2.2 論理シフト（4 ビット）

単純に右に 1 ビットシフトすると「0111」となり「7」という結果となる．これは，想定している答えである「−1」とは異なる値である．そこで，符号ビットがある場合には，先頭の符号ビットはそのままとし，その次のビットから操作を行う必要がある．また，右にシフトする場合，ビットシフトしたことで空いたビットには，符号ビットと同じ符号を挿入することとする．これに

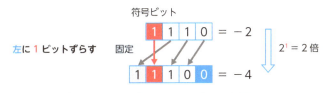

(a) 算術左シフト

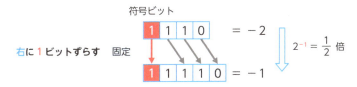

(b) 算術右シフト

図 2.3　算術シフト（4 ビット）

より，図 (b) のように，「-2」である「1110」の 1/2 倍は「1111」となり，正しく「-1」という値を導くことができる．これを**算術シフト**と呼ぶ．

2.2　ON と OFF の計算　〜論理演算〜

　コンピュータの内部では，2.1 節で説明した算術演算だけではなく，**論理演算**という計算も行っている．これまでに述べたように，コンピュータは多くのスイッチの集合体であり，「ON」と「OFF」しか表現できない．つまり，この 2 種類を「1」と「0」や「真」と「偽」と見なすと，数学の世界の話となり，理解しやすい．特に，「真」と「偽」を扱う分野を論理学と呼び，論理演算という計算につながることになる．

　基本的な論理演算には，表 2.1 に示す**論理和**，**論理積**，**否定**の 3 種類があり，これらを組み合わせることで**否定論理和**，**否定論理積**，**排他的論理和**，**否定排他的論理和**というものをつくり出すことができる．また，組み合わせる際

第 2 章　コンピュータの中での計算と工夫 演算と符号理論

には，表 2.2 に示すように，四則演算にも存在する**基本法則**として**交換則**，
結合則，**分配則**，**吸収則**，**べき等則**などの計算ルールを適用する必要があり，
特に**ド・モルガンの法則**は重要なものである．

　論理演算の概念は，初めはとっつきにくいかもしれないが，表 2.1 に示す
ように，**ベン図**や**真理値表**を利用してイメージすると比較的理解を進めるこ
とができるので，ぜひ活用してほしい．

表 2.1　論理演算

論理演算	論理式	ベン図	真理値表
論理和 (OR)	$F = A + B$	$A \cup B$	A B F 0 0 0 0 1 1 1 0 1 1 1 1
論理積 (AND)	$F = A \cdot B$	$A \cap B$	A B F 0 0 0 0 1 0 1 0 0 1 1 1
否定 (NOT)	$F = \overline{A}$	$\overline{A}$	A F 0 1 1 0
否定論理和 (NOR)	$F = \overline{A + B}$		A B F 0 0 1 0 1 0 1 0 0 1 1 0
否定論理積 (NAND)	$F = \overline{A \cdot B}$		A B F 0 0 1 0 1 1 1 0 1 1 1 0
排他的論理和 (XOR, EOR, EXOR)	$F = A \oplus B$		A B F 0 0 0 0 1 1 1 0 1 1 1 0
否定排他的論理和 (XNOR, NXOR)	$F = \overline{A \oplus B}$		A B F 0 0 1 0 1 0 1 0 0 1 1 1

2.2 ONとOFFの計算 ～論理演算～

表 2.2 基本法則

法則	論理演算
交換則	$A \cdot B = B \cdot A,\ A + B = B + A$
結合則	$A \cdot (B \cdot C) = (A \cdot B) \cdot C,\ A + (B + C) = (A + B) + C$
分配則	$A \cdot (B + C) = A \cdot B + A \cdot C,\ A + B \cdot C = (A + B) \cdot (A + C)$
吸収則	$(A + B) \cdot A = A,\ A \cdot (A + B) = A$
べき等則	$A \cdot A \cdot A \cdots A = A,\ A + A + A + \cdots + A = A$
ド・モルガンの法則	$\overline{A \cdot B} = \overline{A} + \overline{B},\ \ \overline{A + B} = \overline{A} \cdot \overline{B}$

　算術演算だけではなく，わざわざ論理演算を導入するのには，もちろん理由がある．それは，論理演算をすることで簡単にビット操作を行うことができるからである．たとえば，図 2.4 に示すように，特定の位置のビット情報だけを取り出す際には，取り出したいところのビットを「1」，その他を「0」にしたビット列と論理積（AND）を計算するとよい．この操作を一般的に**ビットマスク**と呼ぶ．

図 2.4　ビットマスク（論理積 AND）

例題 2.1

排他的論理和（XOR）を論理和（OR），論理積（AND），否定（NOT）を使って表現せよ．

例題 2.1 の解答

　真理値表を使ってイメージしながら組み合わせていくとわかりやすい．複雑に組み合わせると無限にその組み合わせをつくり出すことができるが，シンプルな組み合わせを考えると，排他的論理和（XOR）は，表 2.3 と表 2.4，ならびに表 2.5 に示すような組み合わせなどで実現することができる．

第 2 章 コンピュータの中での計算と工夫 演算と符号理論

表 2.3 乗算標準形の排他的論理和

A	B	$\overline{A}$	$\overline{B}$	A OR B	$\overline{A}$ OR $\overline{B}$	(A OR B) AND ($\overline{A}$ OR $\overline{B}$)
0	0	1	1	0	1	0
0	1	1	0	1	1	1
1	0	0	1	1	1	1
1	1	0	0	1	0	0

表 2.4 加算標準形の排他的論理和

A	B	$\overline{A}$	$\overline{B}$	A AND $\overline{B}$	$\overline{A}$ AND B	(A AND $\overline{B}$) OR ($\overline{A}$ AND B)
0	0	1	1	0	0	0
0	1	1	0	0	1	1
1	0	0	1	1	0	1
1	1	0	0	0	0	0

表 2.5 その他の排他的論理和の例

A	B	A AND B	A OR B	$\overline{A}$ AND B	($\overline{A}$ AND B) AND (A OR B)
0	0	0	0	1	0
0	1	0	1	1	1
1	0	0	1	1	1
1	1	1	1	0	0

　排他的論理和（XOR）というなじみの薄い演算は，図 2.5(a) のように，すべてのビットが「1」であるビット列と演算することで，元のビット列のビットパターンを反転することができる．また，図 (b) のように元のビット列と同じビットパターンのビット列と演算すると，すべてのビットを「0」として，データを削除することができる．一つひとつのビット情報を入れ替えるより，演算を行うことで一気に値の変更ができるため，非常に便利である．

(a) ビット列の反転

(b) ビット列の削除

図 2.5 排他的論理和（XOR）を用いた演算

2.3 情報を効率よく表現する方法 〜符号理論〜

2.3.1 コンピュータと誤りの関係

　コンピュータどうしでデータのやり取りをするとき，データをいかに正しく，いかに速く送受信できるかが非常に重要になる．しかし，先に説明したように，コンピュータであったとしても，内部的には間違うことはよくあることである．そこで，間違った際に誤ったことを察知し，できればそれを訂正できれば正しさを担保することができる．誤ってしまった場合，もう一度正しいデータを送信してもらうことで対処することもできるが，このようなことを繰り返していると，結果として送受信するデータの量が増えることとなり，速度低下の原因の1つとなってしまう．誤ってしまった際に，自らそれを訂正することができれば，ひいてはそれが「高速化」の実現に貢献できることとなる．

　この誤っていることを察知することを**誤り検出**と呼ぶ．あくまでも誤っていることがわかるだけであるため，どの部分が誤っているのかまでは問われない．一方，誤っている際にそれを訂正する場合には，どの部分が誤っているかまでをも知る必要がある．これを**誤り訂正**と呼ぶ．もちろん，技術的に

は誤り訂正のほうが高度なものである．

　コンピュータにおけるデータの誤りとは，ビットの「1」と「0」が反転し，異なるデータになってしまう現象である．たとえば，「1」と「0」は電圧の高低のパルスで伝送しているが，落雷などの影響により送受信の際に電圧が変動したり，雑音が乗ってしまったりすることで，データのビットが反転してしまうことがある．このデータの誤り方には，大きく分けて3種類がある．1つは，**ランダム誤り**である．これは，1ビットの誤りが不規則に発生する現象である．2つ目は，**バースト誤り**といわれるもので，複数のビットの誤りが連続して発生する．3つ目は，**ブロック誤り**で，ひとかたまりで誤りが発生するものである．なお，ビットの誤りが発生する割合を**ビット誤り率**（bit error rate：BER）と呼び，この値が小さいほど誤りが起こらないことを示しており，高速な通信であることに寄与する．

2.3.2　パリティチェック方式による誤り検出

　誤り検出で最も単純な方法に**パリティチェック方式**がある．実際に送受信したい情報に誤りの検出に利用できるビットを付加することで実現している．具体的には，図 2.6 に示すように，実際に送受信したいデータが「1101」であるとき，ビットの「1」の数が偶数になるようにパリティビットとして1ビットを付加する．この場合だと「1」を付加することになる．この「11011」を送信し，もし受信したデータが「01011」であった場合，データ中の「1」の数は奇数となり，おかしいことに気が付く．つまり，誤りを検出することができる．

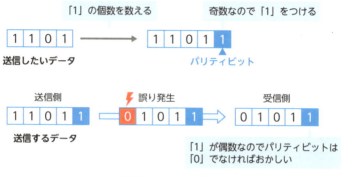

図 2.6　パリティチェック（偶数パリティ）

なお，ビット列の「1」の数を数え，偶数か奇数かを判断することは，プログラム的に実行することもできるが，わざわざそのようなことをしなくても，先に紹介した排他的論理和を利用して演算することで簡単に求めることができる．排他的論理和の記号を⊕としたとき，送信したい情報のビット列「1101」に対して，1 ⊕ 1 ⊕ 0 ⊕ 1 とそれぞれのビットの排他的論理和を計算する．結果は「1」となり，これがパリティビットとして付加すべき値である．

2.3.3 パリティチェック方式による誤り訂正

前項で説明した1次元的なパリティチェック方式を2次元に拡張する．つまり，縦方向と横方向に情報を並べ，それぞれの行と列にパリティビットを付加すると，誤り検出だけではなく誤り訂正を実現することができる．これを**水平垂直パリティチェック方式**と呼ぶ．なぜ誤り訂正までできるのかというと，どの行とどの列で誤りが起こっているのかがわかれば，その行と列が交わるところで誤りが生じていると判断することができるからである．図2.7 では，右端と最下行がパリティビットであり，その他は送信したいデータのビットを示している．今，水平方向では上から3行目，垂直方向では左から3列目の1の数が奇数となっている．つまり，3行3列目の情報に誤りが発生していることがわかる．

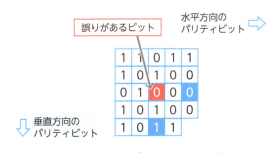

図 2.7　水平垂直パリティチェック方式

第 **2** 章　コンピュータの中での計算と工夫 演算と符号理論

2.3.4　その他の誤り訂正

通信分野で有名なその他の誤り訂正として，**ハミング符号**と **CRC 方式**がある.

◆ [1]　ハミング符号

ハミング符号では，特に「(7,4) ハミング符号」というものが有名である.「7」は総ビット数,「4」は情報を表現するビット（情報ビット），残りの 3 ビット（検査ビット）は誤り訂正用に割り当てられる. たとえば,4 ビットの情報ビットを x_1, x_2, x_3, x_4 とし，検査ビット c_1, c_2, c_3 をそれぞれ

$$c_1 = x_1 + x_2 + x_3$$
$$c_2 = \phantom{x_1 + {}} x_2 + x_3 + x_4$$
$$c_3 = x_1 + x_2 \phantom{{} + x_3} + x_4$$

としたとき，送受信されるデータ w は

$$w = (x_1, x_2, x_3, x_4, c_1, c_2, c_3)$$

と表現することができる. ここで，わかりやすいように

$$w = (w_1, w_2, w_3, w_4, w_5, w_6, w_7)$$

とすると

$$w_1 + w_2 + w_3 \phantom{{} + w_4} + w_5 \phantom{{} + w_6} = 0$$
$$w_2 + w_3 + w_4 \phantom{{} + w_5} + w_6 \phantom{{} + w_7} = 0$$
$$w_1 + w_2 \phantom{{} + w_3} + w_4 \phantom{{} + w_5 + w_6} + w_7 = 0$$

が成り立つことになる. これを利用し，たとえば「1000001」という「(7,4) ハミング符号」で表現されたデータを受信したときのことを考える. 直前の 3 つの式が成り立つはずであるが，それらを確認すると

$$1 + 0 + 0 \phantom{{} + 0} + 0 \phantom{{} + 0\, } = 1$$
$$0 + 0 + 0 \phantom{{} + 0} + 0 \phantom{{} + 0\, } = 0$$
$$1 + 0 \phantom{{} + 0} + 0 \phantom{{} + 0\, } + 1 = 0$$

となってしまう. このことから，3 つの式の項の組み合わせの観点から，誤っているものは w_5 であることがわかる. つまり，本来受信すべきデータは「1000101」であると誤り訂正することができる.

◆ [2]　CRC 方式

CRC（cyclic redundancy check：巡回冗長検査）方式では，先頭のビットを最後尾に移動させ，ビット列を巡回的にシフトすることで異なる符号を生

2.3 情報を効率よく表現する方法 ～符号理論～

表 2.6 CRC 符号（ビット列「0011101」の場合）

符号語	
0000000	1101001
0011101	1010011
0111010	0100111
1110100	1001110

成する．たとえば，「0011101」の場合，先頭の「0」を最後尾に移動させることで「0111010」の符号が得られる．なお，表 2.6 に示すように，この例の場合，符号長は 7 ビットであるため，7 種類の符号しか生成されないが，すべてのビットが「0」という符号もあわせて CRC 符号は 8 種類として定義される．

実際には，コンピュータの中では，このようなビットシフトの操作をしているわけではなく，これも演算で生成されている．情報ビットを 3 ビットとしたときの例を表 2.7 に示す．ビットの符号を多項式の項の係数と見立てて演算している．なお，演算の際に情報ビットから変形された多項式に乗算されている $(x^4 + x^3 + x^2 + 1)$ を**生成多項式**と呼ぶ．表 2.7 で生成されたすべての CRC 符号が表 2.6 に列挙されていることを確認してもらいたい．

このように，多項式の演算により CRC 符号が生成されていることから，この演算を逆に利用することで，誤り訂正を実現することが可能である．ただし，CRC 方式は，基本的には誤り検出のみに使用される手法であり，今回の例では，高々 1 ビットの誤りであるため，誤り訂正ができたにすぎない．通常は，複数の誤りが生じることから，誤り検出をした後，再送要求を出すこととなる．

表 2.7 CRC 方式による CRC 符号の演算（情報ビットが 3 ビットの場合）

情報ビット	$Q(x)$	$A(x) = Q(x)(x^4 + x^3 + x^2 + 1)$	CRC 符号
000	0	0	0000000
001	1	$x^4 + x^3 + x^2 + 1$	0011101
010	x	$x^5 + x^4 + x^3 + x$	0111010
011	$x + 1$	$x^5 + x^2 + x + 1$	0100111
100	x^2	$x^6 + x^5 + x^4 + x^2$	1110100
101	$x^2 + 1$	$x^6 + x^5 + x^3 + 1$	1101001
110	$x^2 + x$	$x^6 + x^3 + x^2 + x$	1001110
111	$x^2 + x + 1$	$x^6 + x^4 + x + 1$	1010011

第 2 章　コンピュータの中での計算と工夫　演算と符号理論

> ### 例題 2.2
>
> 表 2.7 で示されている生成多項式により生成された CRC 符号を受信することを考える. 受信した符号が「0011111」であった場合, この受信信号に誤りがあるか否か答えよ. また, 誤りがある場合, 正しい符号に訂正せよ.

例題 2.2 の解答

まず, 受信した符号を多項式で表現すると

$$0011111 = x^4 + x^3 + x^2 + x + 1$$

となる. ここで, 表 2.7 の CRC 方式では, 生成多項式として $x^4 + x^3 + x^2 + 1$ が利用されていることから逆算し, 受信符号の多項式を生成多項式で除算すると

$$\frac{x^4 + x^3 + x^2 + x + 1}{x^4 + x^3 + x^2 + 1} = 1 \quad 余り \ x$$

となる. 本来, CRC 方式では情報ビットに生成多項式を乗算することで符号化しているため, 受信した信号に誤りがなければ, 受信した信号を生成多項式で除算しても余りは発生しないはずである. しかし, 今回の場合, 余りとして x が算出された. つまり, これが誤りの箇所である.

x を式としてではなく, ビット列の位置だと解釈すると, 左から 6 ビット目の値ということになる. つまり, この左から 6 ビット目が誤りの箇所であり, 本来送信したデータは「0011101」であったことがわかり, 誤り訂正することができる.

2.3.5　符号理論という考え方

ここまで説明したように, データをいかに効率的・効果的に表現できるかを考えることを**符号理論**と呼ぶ. パリティビットや検査ビットというものをデータに付加することで誤り検出や誤り訂正を実現することができるが, 良いことばかりではない. 実際に送受信したいデータよりも多くのビットを送受信しなければならず, 誤り検出や誤り訂正が可能でも, 送受信するデータ量が増えるため, 送受信の速度低下につながってしまう.

そこで, 送受信のデータ量を増やすことなく, 表現方法を工夫することだけで誤り検出や誤り訂正を実現してしまう方法が存在する. 最も有名なものに**ハミング距離**(符号間距離)を用いたものがある. 符号どうしのビットパターンが異なれば異なるほど, それぞれを区別しやすくなるというものである. なお, このビットパターンが異なる具合のことを「距離」と呼ぶことがある.

たとえば，3ビットの符号を考え，それぞれのビットがx軸，y軸，z軸の3次元に相当するとした場合，図2.8のように表現することができる．

たとえば，「111」という符号を送信したとする．しかし，雑音などの影響もあり，実際に受信した信号は「110」であった場合を考える．このとき，送信するデータは「111」か「000」のどちらかであることが事前にわかっているものとする．どちらかの符号からの距離を考慮すると，受信した「110」はおそらく「111」の間違いであろうと判断するのが妥当であると思われる．このように，符号どうしの距離が離れていれば，誤りが生じたとしてもそれらを自然に区別することができるのである．

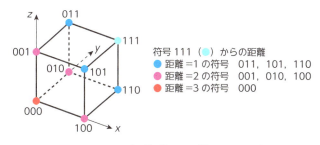

図2.8 ハミング距離（符号間距離）のイメージ

その他の方法に**ハフマン符号**がある．これは，発生確率の大きい情報には短い符号を，逆に発生確率の小さい情報には長い符号を割り当てることで，通信の効率を上げようとする考え方である．「トン・トン・ツー・トン・トン」などと短い音と長い音を組み合わせて通信を行うモールス信号も，このハフマン符号と同じ原理でできている．

例題 2.3

表2.8のような条件の場合，情報A，B，C，Dを送信する際に，1文字あたりの平均符号長が最も小さくなるのは，どの符号を採用したときか答えよ．

表2.8 発生確率と符号長

情報	発生確率	符号1	符号2	符号3	符号4
A	0.5	00	0	0	0
B	0.25	01	1	01	10
C	0.125	10	01	011	110
D	0.125	11	10	0111	111

例題 2.3 の解答

まず，それぞれの符号の 1 文字当たりの平均符号長を求める．

符号 1： $\dfrac{2+2+2+2}{4} = 2$

符号 2： $\dfrac{1+1+2+2}{4} = 1.5$

符号 3： $\dfrac{1+2+3+4}{4} = 2.5$

符号 4： $\dfrac{1+2+3+3}{4} = 2.25$

次に，それぞれの情報には発生確率が存在する（情報 A が最も出現する可能性が高く，情報 C と情報 D は低い）ため，それぞれの発生確率を加味した 1 文字あたりの平均符号長を算出する．

符号 1： $2 \times 0.5 + 2 \times 0.25 + 2 \times 0.125 + 2 \times 0.125$
$= 1 + 0.5 + 0.25 + 0.25 = \mathbf{2}$

符号 2： $1 \times 0.5 + 1 \times 0.25 + 2 \times 0.125 + 2 \times 0.125$
$= 0.5 + 0.25 + 0.25 + 0.25 = \mathbf{1.25}$

符号 3： $1 \times 0.5 + 2 \times 0.25 + 3 \times 0.125 + 4 \times 0.125$
$= 0.5 + 0.5 + 0.375 + 0.5 = \mathbf{1.875}$

符号 4： $1 \times 0.5 + 2 \times 0.25 + 3 \times 0.125 + 3 \times 0.125$
$= 0.5 + 0.5 + 0.375 + 0.375 = \mathbf{1.75}$

これより，1 文字あたりの平均符号長が最も小さくなるのは符号 2 であることがわかる．

また，**ランレングス符号**では，同じ情報が連続するときにその長さを符号化するという方法をとっている．イメージとしては，図 2.9 のようになる．さらに，**ブロック符号**というものもあり，これは，一定個数をまとめて符号化している．

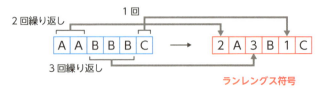

図 2.9　ランレングス符号化

章末問題

2.1 次の説明のうち，2進数の正の整数 x を 10 倍にする操作として適切なものを1つ選びなさい．ここで，桁あふれは起こらないものとする．

【解答群】
　ア．x を 2 ビット左にシフトし，x を加算する．
　イ．x を 3 ビット左にシフトし，x を加算する．
　ウ．x を 2 ビット左にシフトし，x を加算したのち，さらに 1 ビット左にシフトする．
　エ．x を 3 ビット左にシフトし，x を加算したのち，さらに 1 ビット左にシフトする．

2.2 次の選択肢のうち，論理式「$F = \overline{A} \cdot B + A \cdot \overline{B} + \overline{A} \cdot \overline{B}$」と等価な論理式を1つ選びなさい．

【解答群】
　ア．$F = A \cdot B$　　イ．$F = \overline{A \cdot B}$　　ウ．$F = A + B$　　エ．$F = \overline{A + B}$

2.3 パリティチェックの目的として適切なものはどれか，次の選択肢の中から1つ選びなさい．

【解答群】
　ア．データを暗号化する．　　イ．データを暗号化して送信する．
　ウ．エラーを検出する．　　　エ．エラーを検出して訂正する．

2.4 以下の説明に最も適切な選択肢を1つ選びなさい．
　ビット列を生成多項式で割った際の余りをそのビット列に付加したものを送信し，受信したビット列が同じ生成多項式で割り切れるか否かで受信した際に誤りの発生を判断する誤り検査方式．

【解答群】
　ア．水平パリティチェック方式　　イ．水平垂直パリティチェック方式
　ウ．ハミング符号方式　　　　　　エ．CRC 方式

第 **3** 章

コンピュータに指示を与えるしくみ
プログラミングとアルゴリズム

　コンピュータやスマートフォンは，そのままでは高級なただの箱にすぎない．それらのハードウェアを使いこなし，それらにさまざまな仕事をさせるためには，ソフトウェアが必要不可欠である．コンピュータやスマートフォンは，勝手に自ら考え，判断し，行動することはしないからである．あくまで，それらを指示するのは私たち人間である．そこで本章では，その指示を与えるソフトウェアを考え，つくるために必要な概念や技術について触れたいと思う．

3.1　コンピュータへの指示書を作成する ～プログラミング～

　コンピュータやスマートフォンにしてほしいことをきっちりと書いた指示書が**プログラム**，それを作成することを**プログラミング**と呼ぶ．ポイントは，「きっちりと指示を書く」ということである．少しでも間違っていると，想定とはまったく異なる結果となってしまう．また，あいまいな指示では，コンピュータは理解できず，動くことができない．人間が相手であれば，そんな場合でも，相手が気を利かせてうまく解釈して，希望通りの結果となるようにしてくれることがある．しかし，コンピュータは一切融通を利かせてはくれない．プログラムをつくる側がしっかり，きっちりしなければならないのである．

　誤解なく，正確に指示を伝えるためには，きっちりとしたルールが必要になる．そのため，このルールを覚え，使いこなすためには，一定の期間の訓練を要し，大変な作業でもある．しかし，これらの能力は，プログラミングの際だけに活用できるものではなく，日常生活の場においても非常に役立つ．論理的に物事を捉え，細分化しながら整理し，順を追って考えて実行できることは，生きていくうえで大きな支えとなる重要な能力である．ぜひ皆さん

もあきらめずに，訓練を続けてほしいと思う．

3.1.1 値を保存するための変数と配列

さて，プログラムをつくる際に必要不可欠な概念に**変数**がある．xやyなどとして数学で出てくる変数と同じく，図3.1の変数numのように値を入れることができるものである．変数を利用することで，同じような種類の値を入れる際には，個別に何度も定義することなく，変数として使い回して利用することができ，便利で手間を省くことができる．変数には，整数や小数，文字など，入れる値の種類に応じて適切なものを用意する必要がある．たとえば，整数用の変数には，小数を入れることはできない．

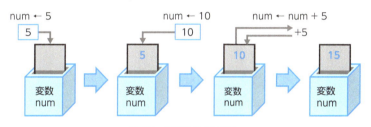

図 3.1 変数への値の代入

変数は便利なので，たくさん使用したくなることもある．特に，連続した値，たとえば，学籍番号と名前を保存したいと思ったときには，クラス全員分の変数を用意する必要が出てくる．これは非常に面倒である．そこで，図3.2のように，変数を連続的につくり出す**配列**という方法を使って手間を省くことができる．なお，配列の種類を表3.1にまとめて示す．

表 3.1 配列の種類

種類	説明
多次元配列	データを表形式やグリッド形式など，2次元以上の構造で格納する配列．行と列，またはそれ以上の次元でデータを整理できる．おもに数学的な行列計算や画像処理に使用される．
静的配列	コンパイル時にサイズが決定され，実行時にはそのサイズが変更できない配列．サイズ変更が不可能だが，アクセス速度が速い．メモリの効率的な使用を可能にする．
動的配列	実行時にサイズが変更可能な配列．初期サイズを決めた後で拡張や縮小が行える．柔軟性が高いが，拡張時には追加のメモリ確保やデータのコピーが必要になることがある．

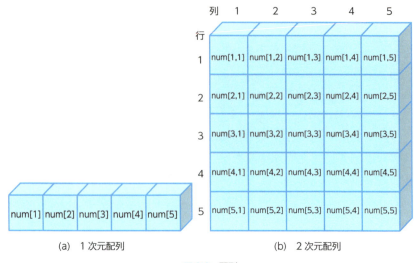

図 3.2 配列

3.1.2 処理の選択と繰り返し

コンピュータにしてほしいことはたくさんある．プログラムでは，してほしいことを上から順番に書いていくことになる．これを**逐次処理**と呼ぶ．しかし，すべての処理をすべて上から順に書けるわけではない．時に，ある条件ではAを，他の条件のときにはBをというように動きを変えてほしい場合もある．その際に利用するのが**選択（分岐）処理**である．また，特定の処理を繰り返し実行してほしいこともある．これは**繰り返し処理**と呼ばれる．

プログラムをつくるとき，基本的には，この3種類の処理方法を理解しておき，適宜使い分けることでほぼすべての処理を実現できるといっても過言ではない．つまり，非常に複雑な処理があったとしても，その本質を見極め，細分化し，整理すると，必ず逐次処理，分岐処理，繰り返し処理の組み合わせとして表現できるということである．

3.1.3 処理内容をまとめる関数

プログラムをつくっていると，どうしても長くなってしまうことがある．あまりに長くなってきたり，複雑になってきたりすると，なかなか簡単に読み解くことができなくなってしまう．そこで，ある処理のかたまりを別にしておく方法がある．これを**サブルーチン（副プログラム）**と呼び，特にその

サブルーチンを呼び出して処理をした後，元の場所（**メインルーチン**，**主プログラム**）に戻ってくるものを**関数**と呼ぶ．なお，処理をサブルーチン化（関数化）することで，使い回して使用しやすくなるため，何度も利用する処理などは積極的にサブルーチン化（関数化）しておくとよい．図3.3にそのイメージを示す．なお，図3.3では，フローチャートの記号を利用して記しているが，詳細は3.2.1項を参照してほしい．

この考え方は，数学の関数と同じ概念である．「$f(x) = x + 1$」などという数学の関数も「$x + 1$」という処理を「f」という関数としてまとめて定義しているのである．また，「f」という関数には「x」という値を渡すことができ，たとえば「x」として「2」を渡せば関数「f」の答えとして「3」が導かれることとなる．プログラムにおける関数では，関数に渡す値を**引数**，導かれる答えを**戻り値**と呼ぶ．

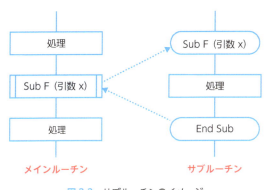

図 3.3　サブルーチンのイメージ

3.2　効果的な指示書のひな型 ～アルゴリズム～

プログラムをつくろうとすると，同じような処理に出会うことがよくある．みんながよく利用するものは，先人たちがすでにその処理をプログラムにして，共用利用できるように一般公開してくれていることもある．**ライブラリ**や **API**（application programming interface）といわれるものがそれにあたる．これらは重要な処理であることが多く，多くの人により，その処理の方法が

第3章　コンピュータに指示を与えるしくみ プログラミングとアルゴリズム

改善されたり，新しい方法が提案されたりもする．このように，特定の問題を解決するための手順や方法を**アルゴリズム**と呼ぶ．

3.2.1　処理の流れをわかりやすくするフローチャート

プログラムを作成する際には，プログラミング言語を用いて書いていくことが多い．しかし，プログラミング言語を読み，理解することはやはり手間であり，うまくプログラムの動きをイメージすることも難しい場合がある．そこで，**フローチャート（流れ図）**と呼ばれる記号を用いてプログラムの処理の流れを表現する方法がある．表 3.2 にフローチャートで使用される記号を示す．

このフローチャートを用いて，3.1.2 項で説明した分岐処理と繰り返し処理を表現すると図 3.4 のようになる．

表 3.2　フローチャート（流れ図）の記号

種類	記号	意味	種類	記号	意味
データ		ファイルへのデータの入出力を記述する．	判断		処理を分岐するための条件を記述し，真か偽かによって分岐する機能を表す．
書類		人間が読める媒体上のデータを表す．紙媒体など．	ループ始端		2 つの部分からなり，繰り返しの処理の開始と終了を表す．繰り返しの終了条件などを記述する．
端子		外部への出口または入口を表す．たとえば，プログラムの流れの開始または終了を表す．	ループ終端		
処理		任意の処理機能を表す．たとえば，変数への代入や計算などの処理を記述する．	結合子		同じ流れ図中の他の部分への出入口や，分割して他の場所に続けたりするのに用いる．
定義済み処理		サブルーチンや関数など，別の場所で定義された演算や命令からなる処理を表す．	線		記号どうしを結び，処理の流れを表す．流れの向きを明示する場合は，矢先をつける．

3.2 効果的な指示書のひな型　〜アルゴリズム〜

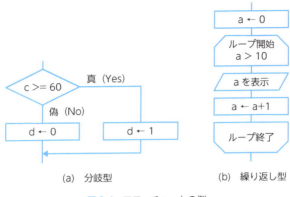

図 3.4　フローチャートの例

3.2.2 自分自身を呼び出す再帰

処理の一部を関数としてまとめると便利であることは 3.1.3 項で説明したが，単に主プログラムから関数を呼び出すだけではなく，じつは，関数から関数を呼び出すこともできる．もちろん，自分から自分自身を呼び出すことも可能である．この処理方法を**再帰処理**と呼び，フローチャートで表すと図 3.5 のようになる．現実社会ではなかなかイメージしにくいが，マトリョーシカのようなものを考えると良いかもしれない．マトリョーシカでは，少し小さな自分と同じようなものが中から次々に出てくる．再帰では，自分とまったく同じものが次々に呼び出されることとなる．

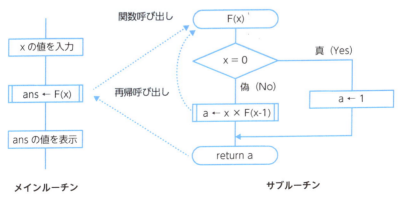

図 3.5　再帰処理

この再帰処理がどのようなシーンで利用されるかであるが，たとえば $n! = n \times (n-1) \times (n-2) \times \cdots \times 3 \times 2 \times 1 = n \times (n-1)!$ のような数学の階乗を求める際に利用される．

3.2.3 データを並び替える処理

たとえば，データを小さい順に並び替えたいなどということはよくある．この並び替える処理を**ソート**と呼び，さまざまなアルゴリズムが考えられている．最も簡単なものとして**バブルソート（隣接交換法）**というものがある．

図3.6に示すように，隣のデータと大小比較をし，小さいほうが前になるように入れ替えるということを前から順に1つずつ最後まで処理していくことで，データを小さい順に並び替えることができる．もちろん大きい順にすることも可能である．

その他のソートのアルゴリズムとしては，表3.3に示すように，最大値や最小値を見つけて並べていく**選択ソート**や整列済みのデータの適切な箇所にデータを追加していく**挿入ソート**，それを改良した**シェルソート**，**クイックソート**や**ヒープソート**，**マージソート**などが有名である．

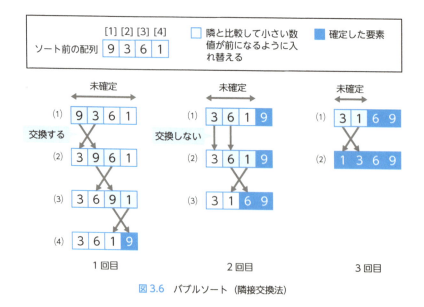

図3.6 バブルソート（隣接交換法）

表 3.3 おもなソートアルゴリズム

ソートアルゴリズム	説明
バブルソート (隣接交換法)	隣接する要素を比較し, 必要に応じて交換していくことで, 要素を末尾から固定していく.
選択ソート	各ループで未ソート部分から最小（または最大）の要素を選択し, 先頭の未ソート要素と交換する.
挿入ソート	各ループで要素を適切な位置に挿入していき, 部分的にソートされたリストを拡大していく.
シェルソート	挿入ソートを改良したもので, 離れた位置にある要素の間で挿入ソートを行う.
クイックソート	基準値を選び, それより小さい要素は左に, 大きい要素は右に移動する. 分割統治法を使用する.
ヒープソート	データを特別な木構造（バイナリヒープ）で整理してから, 最大のデータを順に取り出して並べ替える.
マージソート	リストを半分に分割し, それぞれをソートした後, マージ（併合）する. 分割統治法を使用する.

3.2.4 データを探す処理

ソートと並んでよく行いたくなる処理として, データを探すということがある. **探索**と呼ばれ, これも多くのアルゴリズムが提案されている. インターネットで情報検索することは日常茶飯事であるので, イメージはつきやすいと思う.

探索アルゴリズムで最も平易なものに**線形探索法**がある. これは, 図 3.7(a)に示すようにデータの先頭から見つけたい値を順に調べていき見つけ出す処理方法である.

その他の探索アルゴリズムとしては, 表 3.4 に示すように, 整列済みのデータを 2 つに分割しながら探索する **2 分探索法**（図 (b)）や**ハッシュ表探索法**, 文字列を探索するための **BM 法**（**ボイヤー・ムーア法**）や最短距離を求めることができる**ダイクストラ法**などが有名である.

第3章 コンピュータに指示を与えるしくみ プログラミングとアルゴリズム

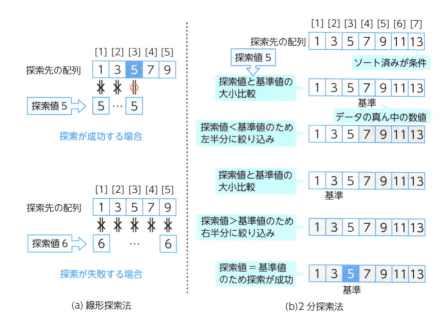

図3.7 基本的な探索法

表3.4 おもな探索アルゴリズム

探索アルゴリズム	説明
線形探索法	配列の先頭から順に要素を調べて目的の値を見つける.
2分探索法	ソート済みの配列を半分に分けながら目的の値を探す.
ハッシュ表探索法	ハッシュ表を用いて高速にデータの存在をチェックする.
BM法（ボイヤー・ムーア法）	文字列検索で使用され，不一致が発生した際に複数の文字をスキップして効率よく検索する.
ダイクストラ法	グラフ内の単一起点から，他のすべてのノードへの最短経路を見つける.

3.3 データを扱いやすくするための工夫 〜データ構造〜

　プログラムでデータを扱うためには，データを格納したり，管理したり，操作したりしやすいような構造をつくることが有効であり，これを**データ構造**と呼ぶ．3.1.1項で説明した変数や配列もその1つの方法であるが，その他にもさまざまなデータ構造が提案されている．

3.3 データを扱いやすくするための工夫 〜データ構造〜

3.3.1 配列より操作が簡単なリスト

データを連結して表現する方法を**リスト**と呼び，表 3.5 に示すように**単方向リスト**，**双方向リスト**，**環状リスト**の 3 種類がある．リストは，図 3.8 のように，データを格納する部分と，次に連結しているものを示すポインタとで構成される．

表 3.5 リストの種類

配列	説明
単方向リスト	各要素が次の要素への参照（ポインタ）だけをもち，一方向にのみ進むことができる．挿入や削除は簡単だが，逆方向へ直接アクセスすることはできない．
双方向リスト	各要素が次の要素と前の要素への参照（ポインタ）をもち，前後の要素へアクセスしやすいため，リストの操作が柔軟に行える．
環状リスト	最後の要素から最初の要素に参照（ポインタ）されており，循環する構造になっている．そのため，終点から始点へと連続的にアクセスすることが可能．

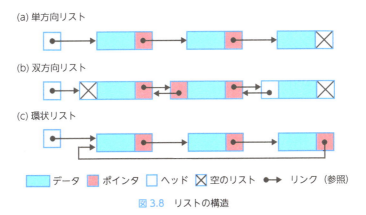

図 3.8 リストの構造

3.3.2 基本的な概念であるキューとスタック

基本的なデータ構造として，図 3.9 に示す**キュー**（queue）と**スタック**（stack）がある．キューとは「列に並ぶ」，スタックとは「積み重ねる」という意味であり，現実社会では，レジに並んだり，新聞や雑誌などを机の上に積み重ねていったりするときに生じることでもある．

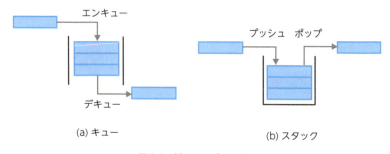

図 3.9　基本的なデータ構造

　キューは，**先入先出型**（first in, first out：**FIFO**）でデータの出し入れがされる．データを格納する操作を**エンキュー**，取り出す操作を**デキュー**と呼ぶ．一方，スタックは，**後入先出型**（last in, first out：**LIFO**）でデータが出し入れされ，格納を**プッシュ**（push），取り出しを**ポップ**（pop）と呼ぶ．

3.3.3　木構造

　データを階層的に整理する方法に**木構造**がある．木構造は**ルート**（根）から始まり，データは**ノード**（節）に格納されている．ノードどうしは**ブランチ**（枝）で接続され，どんどんつなげて階層構造を構築することができる．特に，最下段のノードを**リーフ**（葉）と呼ぶ．できあがった外観は図 3.10 に示すように，まるで木のような形（さかさまではあるが……）であることから，木構造と呼ばれている．木構造の一部は，さらに木の構造をとっていることから，その一部分のことを**部分木**と呼ぶ．

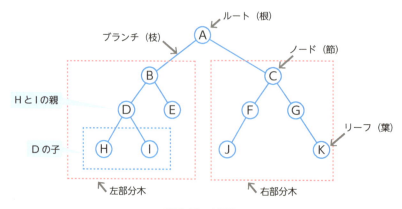

図 3.10　木構造

3.3 データを扱いやすくするための工夫 〜データ構造〜

表 3.6 のように，木構造のうち，すべての親が 2 個以下の子をもつものを**2 分木**と呼び，ルートからリーフまでの深さがすべて等しいものを**完全 2 分木**，親に対して左の子が小さく，右の子が大きいものを**2 分探索木**，親が左右の子より大きい，または，親が左右の子より小さいものを**ヒープ**と呼ぶ．

表 3.6　木構造の種類

配列	説明
2 分木	各ノードが最大で 2 つの子ノード（左子と右子）をもつ木構造．一般的な階層的データ表現で，さまざまなアルゴリズムで基礎として使用されている．
完全 2 分木	すべてのレベルが満たされ，最後のレベルが左から順に埋められている 2 分木．効率的なデータ構造で配列を使ったヒープの実装に使用されている．
バランス木	木のすべてのリーフがほぼ同じ深さにある木構造．データアクセスの時間を最小化するために使用されている．
順序木	ノードが特定の順序（たとえば数値の昇順）に保たれる木．ソート済みデータの効率的な検索と管理に使用されている．
多分木	各ノードが 2 つ以上の子をもつことができる木構造．データベースのインデックス，高速検索システムに使用されている．
探索木	ノードの配置が特定の探索順を最適化するように設計された木構造．効率的なデータ検索と整理に使用されている．
2 分探索木	各ノードの左子はそのノードより小さく，右子はそのノードより大きい木構造．データ構造とアルゴリズムの教育，データベースのインデックス作成に使用されている．
B 木	自己バランスをとる多分木の一種で，データベースやファイルシステムに使用される．大量のデータを扱うファイルシステムやデータベースのインデックスに使用されている．
AVL 木	任意の 2 つのリーフの深さの差が最大でも 1 になるようにバランスがとられた 2 分探索木．データが頻繁に更新される環境での効率的な検索とバランスの維持に使用されている．

章末問題

3.1 以下の説明が示している，最も適切なデータ構造を答えなさい．
(1) 並んでいるデータの先頭に任意のデータを効率的に挿入できる．
(2) 位置を指定して任意のデータに直接アクセスできる．
(3) 隣接するデータを移動せず，任意のデータを別の場所に移動できる．
(4) 任意のデータの参照は効率的ではないが，削除や挿入は効率的にできる．

3.2 1 から 100 までの整数の和を求め，その解を変数 x に代入するアルゴリズムをフローチャートで示しなさい．

3.3 顧客番号をキーとして，顧客データを 2 分探索する際に最も適しているデータ構造の特徴を説明しなさい．

3.4 再帰呼び出しについて説明しなさい．

第
4
章

コンピュータの身体と頭脳
ハードウェア

　ソフトウェアからの指示を理解し，演算し，実際にその指示を実行すること．そして，人間からの入力を受け付け，結果を出力すること．これらを担っているのがハードウェアである．ソフトウェアとハードウェアが両輪になって初めて，コンピュータはその能力を発揮することができるのである．本章では，ハードウェアの個々の機能とそのしくみ，また，各機能どうしの関係性について見ていき，ソフトウェアが動くイメージをしていただきたいと思う．

4.1　コンピュータの基本構成

　コンピュータには，表 4.1 に示すように，用途や性能，大きさなどにより，さまざまな種類のものが存在するが，それらすべては，**演算装置**，**制御装置**，**記憶装置**，**入力装置**，**出力装置**の 5 つのハードウェア（**五大装置**）で構成さ

表 4.1　コンピュータの種類

種類	説明
デスクトップ PC	個人またはオフィスでの使用を目的とした，一般的なパーソナルコンピュータ．
ノート PC	持ち運びが可能な小型のパーソナルコンピュータ．バッテリー駆動が可能．おもに海外では，ノート PC より大型のものをラップトップ PC と呼ぶこともある．
サーバ	ネットワークを通じてクライアントにサービスを提供するコンピュータ．
携帯端末	高度なコンピュータ機能を備えた携帯が容易な端末．スマートフォンやタブレットなど．
マイクロコンピュータ	小型で低消費電力のコンピュータ．マイクロコントローラーなど，組み込みシステムに使用される．
ワークステーション	高性能で専門的な用途に使用されるコンピュータ．たとえば，科学技術計算，グラフィックス作業など．
スーパーコンピュータ	極めて高速な処理能力をもち，大規模な科学技術計算やシミュレーションに使用される．

37

れている．パソコンもスマートフォンも基本的にはこの5つの機能を有している．図 4.1 にそれぞれの装置と各装置の関係性を示す．

入力装置を使って人間から指示されたデータやプログラムの内容は，一度記憶装置に保持される．その後，それらは演算装置に読み込まれて計算され，その結果もまた一度記憶装置に保持される．そして，出力装置を介して人間に通知される．その際，入力装置や記憶装置，演算装置や出力装置がタイミングよくスムーズに動けるように，制御装置が各装置の交通整理を行っている．

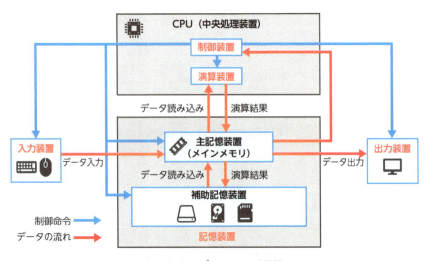

図 4.1 コンピュータの五大装置

4.1.1 演算装置

主記憶装置に保存されているプログラムやデータなどを読み込み，プログラムの指示を解読し，それに従って演算を実行するのが演算装置の役割である．現代のコンピュータの基礎となっている動作方法であり，**ノイマン型コンピュータ（プログラム内蔵方式，プログラム格納方式）**と呼ばれる．

演算装置で実行される演算としては，論理演算，算術演算（四則演算），大小比較などがある．

4.1.2 制御装置

プログラムの命令に従って，他の4つの装置と連携し，それらがちゃんと機能するように動作をするタイミングを計り，交通整理をするのが制御装置である．

図4.1にあるように，この制御装置と前項で説明した演算装置はまとめて**CPU**（central processing unit：**中央処理装置**）と呼ばれ，パソコンやスマートフォンを購入する際の1つの指標として，その良し悪しを参考にすることがある．

4.1.3 記憶装置

入力されたデータやプログラム，出力するための情報などは記憶装置に保存されることになる．図4.1にあるように，記憶装置は，大きく2つに分類することができる．1つは，実行中のプログラムやデータを格納しておくものであり，これを**主記憶装置**と呼ぶ．もう1つは，実行していないプログラムやデータを格納しておくところであり，**補助記憶装置**と呼ぶ．

主記憶装置は**メインメモリ**とも呼ばれ，CPUと並んでコンピュータの良し悪しの指標とされることがある．また，補助記憶装置は，電源を切ってもそこに記憶されたデータやプログラムの内容が消えない機能を有し，身近なところでは USB メモリや SD カードなどがこれにあたる．

4.1.4 入力装置

データやプログラムをコンピュータの内部に取り込むための装置が入力装置である．入力装置がないと，人間はコンピュータに指示を与えることができない．キーボードやマウスはイメージしやすいが，スキャナやカメラ，マイクも忘れてはならない．

また，画面に触れることで操作ができるタッチディスプレイというものも使われているが，これは，入力装置と次項で触れる出力装置を一緒にしたものである．

4.1.5 出力装置

コンピュータで処理した結果をコンピュータの外部に取り出すための装置が出力装置である．出力装置があるからこそ，コンピュータの処理結果を人

間は確認することができる．ディスプレイやプリンタ，スピーカーがこれにあたる．

なお，入力装置と出力装置はコンピュータの五大装置の中で人間と直接触れ合う部分であり，**ヒューマンインタフェース**（単に，**インタフェース**）と呼ばれる．

4.2 コンピュータの頭脳にあたる CPU

4.1.2 項で触れたように，演算装置と制御装置をまとめて 1 つにしたものが CPU である．人間の身体にたとえると，演算装置が物事を考える大脳，制御装置は体温や心拍の調整など身体の管理をする小脳に近い働きがある．パソコンやスマートフォンにも必ず搭載されている装置であり，複数の CPU を搭載しているもの（**マルチプロセッサ**）や，1 つの CPU の中に複数の演算装置と制御装置が搭載されているもの（**マルチコアプロセッサ**）がある．

4.2.1 CPU の構成

CPU の構成を**図 4.2** に示す．命令を解読し，実行している部分が **ALU**（arithmetic and logic unit：**算術論理演算装置**）である．演算過程では，桁の

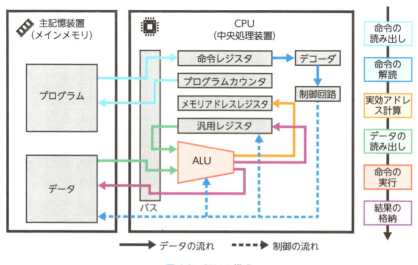

図 4.2 CPU の構成

4.2 コンピュータの頭脳にあたる CPU

繰り上がりや桁あふれなど，操作のちょっとした途中結果を記憶しておきたい場合がある．それをいちいち主記憶装置に保存するのは手間であるため，**レジスタ**と呼ばれる簡易的に保存できる場所が CPU の中にはつくられている．なお，ALU と各レジスタは，データのやり取りができるように**バス**で接続されている．

汎用レジスタでは，演算結果を一時的に保持し，プログラムカウンタでは，命令が実行されるごとに，次に実行すべき命令を格納することで，間違えることなくスムーズな実行を実現している．また，メモリアドレスレジスタには，操作の対象となるデータやプログラムが広大な主記憶装置の空間のどこにあるのかという場所の情報（**アドレス**，**番地**）が格納されている．

命令レジスタでは，主記憶装置からの命令を一時的に保持し，デコーダで，その命令の種類に応じて制御信号を出力することにより，コンピュータを制御している．

4.2.2 命令語

コンピュータに指示される命令は命令語で表現され，一度，主記憶装置に格納されることになる．この命令語は，図 4.3(a) に示すように，命令の種類をコード（符号）で示した**命令部**と，命令の対象となるデータが主記憶装置のどこにあるのかを示す**オペランド部**とで構成されている．

命令語はコードで書かれているため，どの命令なのかを解読し，判別しなければならない．また，オペランド部で示されているデータのありか（**実効アドレス**）は，図 (b) に示す**アドレス指定方式**により表現されることとなり，これにも解読作業が要される．

アドレス指定方式には，データの値を直接記載した**即値アドレス方式**やデータが格納されている主記憶装置のアドレスを記載する**直接アドレス方式**，アドレスを間接的に指定する**間接アドレス方式**，その他，**相対アドレス方式**，**基底アドレス方式**，**指標アドレス方式**などさまざまな手法が提案されている．主記憶装置の空間は非常に広く，その場所をいかに的確に都合よく指し示すことができるのかという観点から，プログラムやアルゴリズムの特性に合わせてこれらの方式を使い分けて利用することとなる．

(a) 命令語の構成

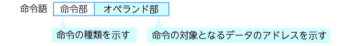

(b) アドレス指定方式の場合のオペランド部（アドレスとデータは 16 進数表記）

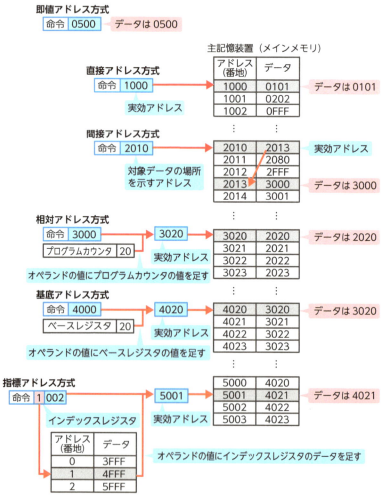

図 4.3　命令語

4.2.3 命令の処理方法

このように命令を実行するためには，さまざまな演算が必要となる．そのステップを図 4.4 に示す．これを命令サイクルと呼ぶ．まず，命令を取り出し（IF），その命令を解読する（ID）．次に，オペランド部である命令の対象となる実効アドレスを計算し（OA），その場所からデータを取り出す（OF）．その後，命令を実行し（EX），その結果を格納する（RS）．

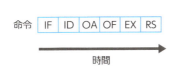

図 4.4　命令サイクル

> **Column**
>
> **プログラムの本質**
>
> 「命令を実行する」と，言葉では一言で表現されるが，それをコンピュータで実現しようとすると，内部的には 6 つものステップが踏まれてようやく実現されるのである．
>
> 人間は，物事を概念として捉え，無意識に一連の流れとして，さまざまな行動を柔軟にとることができる．しかし，コンピュータやロボットには，同じようにそれを理解し，実行するのは至難の業といわざるをえない．一つひとつ，細かく内容を噛み砕いて，正確にその順序を示してあげる必要があるのである．これが，プログラムやアルゴリズムというものの本質である．
>
> ぜひ，さまざまな物事をしっかりと捉え，それをプログラムやアルゴリズムとして表現できるように訓練してほしい．きっと，コンピュータ関連の分野だけではなく，日常生活でも非常に役立つ能力となり，皆さんの人生を豊かにしてくれると思う．

第4章　コンピュータの身体と頭脳　ハードウェア

　コンピュータは，このような命令を次から次へと実行することで，私たち人間の要求に応える．もちろん，この命令を素早くこなしてくれると私たちは嬉しい．そのため，命令をどんどん実行してほしいのではあるが，実行には，必ず先にあげた6つのステップを踏まなければならない．では，どうやって速く動かすことができるのか？

　1つの解決方法としては，単純にCPUの動作スピードを上げて，6つのステップを処理する能力を上げることが考えられる．しかし，ある程度，速度を向上させることはできたとしても，すぐに物理的な限界に達してしまうこととなる．

　では，一度に同じステップを同時にこなすのはどうだろうか．たとえば，命令の読み出しを2個まとめて処理すれば，単純に2倍の処理スピードになると考えることもできる．しかし，残念ながら1つのCPUでは，同時に同じステップの処理を実行することはできない．そこで，図4.5に示すような工夫により，コンピュータの処理スピードを上げる方法が使われている．

　これまで述べてきたように，単純に1つずつ順番に命令を実行していく方法が図(a)の**逐次制御方式**である．非常に単純ではあるが，処理速度はCPUの能力に依存することとなる．

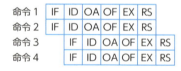

図 4.5　命令実行の逐次処理と並列処理

4.2 コンピュータの頭脳にあたる CPU

　そこで考えられた方式に**パイプライン処理方式**がある．これは，CPU では同じステップの処理を同時に行うことはできないが，他のステップの処理は同時に行うことができるという特性を利用し，各命令のステップを少しずつずらしながら実行する方法である．図 (b) に示すように，逐次制御方式と比べてみると 3 つの命令を処理し終わる時間が短縮されているのがわかる．

　これで処理効率はずいぶん良くなったが，人間は貪欲である．処理能力をもっと上げることはできないかと考え，近年のコンピュータやスマートフォンでは**スーパースカラ方式**が採用されている．図 (c) を見てみると，これまで実行できないと説明してきた同じステップの処理が同時に実行されている．これはマルチプロセッサ，つまり，コンピュータやスマートフォンの中に複数の CPU を搭載することで実現できる方法である．先に説明したように，1 つの CPU では，同時に同じステップのことを処理することはできないが，異なる CPU であれば，それは別の話である．図 (c) のスーパースカラ方式では，2 つの CPU を搭載していれば問題なく実現できるということである．

4.2.4　CPU の性能

　コンピュータの性能の 1 つに処理速度というものがある．CPU そのものの演算速度，あるいは，搭載されている CPU の個数で，処理速度に違いが生じる．演算速度の速い CPU や複数の CPU を搭載していれば，処理速度はもちろん上がるが，その分費用は高くなる．自分がやりたい作業の内容を考え，過不足のないものを選ぶ必要がある．

　CPU の性能もさまざまな視点から考えることができる．パソコンの仕様・スペックにも掲載されていることが多い情報として，**クロック周波数**がある．これは，1 秒間に発生させることができるクロック数（ON と OFF の切り替え回数）を表し，クロック周波数が大きければ大きいほど 1 秒間に行われる ON と OFF の切り替え回数が増えることとなり，処理速度は速くなる．

　その他，1 つの命令の実行に必要なクロック数を示す **CPI**（cycles per instruction），1 秒間に実行できる命令数を 100 万単位で表した **MIPS**（million instructions per second），1 秒間に実行できる浮動小数点数演算の命令数を表した **FLOPS**（floating point number operations per second）などがよく利用される指標である．

第4章　コンピュータの身体と頭脳 ハードウェア

4.2.5　CPUと命令形式との関係性

　命令の示し方によりCPUにも種類がある．CISC（complex instruction set computer）とRISC（reduced instruction set computer）という，大きく分けて2種類のCPUが存在している．

　CISCでは，1つの命令で複雑な処理を一気に済ませようという考え方をとっている．命令を動的なプログラムで処理するマイクロプログラム方式を基本的には採用しており，ソフトウェア的に実行している．1つの命令で複雑なことが実現できるため，指示する命令の個数自体を減らすことができる．その反面，命令を解読し，処理するために時間を要し，命令ごとにその実行時間に大きな差が生まれる．そのため，少しずつずらして処理をするパイプライン処理方式には不向きである．このマイクロプロセッサ方式のCISCを採用しているものとして，パソコンや汎用機がある．

　一方RISCでは，一つひとつの命令を単純にする方式が取られている．命令を固定化された回路で処理するワイヤードロジック方式を採用し，ハードウェア的に実行している．1つの命令でできることは単純なものになるため，指示する命令の個数が多くなってしまうが，各命令の実行時間は非常に短く，一定であるため，効果的にパイプライン処理方式を実行することができる．このワイヤードロジック方式のRISCは，スマートフォンやカーナビ，スーパーコンピュータなどで利用されている．

▌ Column

ハードとソフト

　コンピュータにとって，ハードウェアとソフトウェアは表裏一体，車の両輪として機能する．どちらかのみで機能することは基本的にはない．ハードウェアは「ハード」とついているように固いイメージである．専用に設計された回路であるため，その構造は固定され，融通が利かない．その反面，処理速度は速い．一方，ソフトウェアは「ソフト」とついているように柔らかいイメージである．汎用性をもたせたプログラムであるため，柔軟であり，変更・修正ができる．その代わりに，処理速度は遅い傾向にある．このように，一長一短あるものをうまく組み合わせることで，それぞれの短所を補い合いながら長所を伸ばして使用する工夫が必要である．

このように，単にCPUといっても，その中で実行されている命令とその処理方法には大きな違いがある．そのため，たとえば，パソコンで動くソフトウェアがそのままスマートフォンで動くかと問われると，単純には動かすことができないということになる．それは，このようにCPUの考え方が異なるためである．パソコンにはパソコン用に，スマートフォンにはスマートフォン用にソフトウェアをCPUに合わせて各々用意しなければならないのである．

4.3 情報を保存しておくための記憶装置

4.1.3項で説明したように，記憶装置には主記憶装置（メインメモリ）と補助記憶装置があるが，その他にCPUの中にはレジスタという記憶領域が存在している．人間でいえば，主記憶装置が短期記憶，補助記憶装置が長期記憶，レジスタはメモ書きのような超短期記憶に相当するイメージである．図4.6に示すように，レジスタよりも主記憶装置が，主記憶装置よりも補助記憶装置のほうが記憶容量は大きいが，データを出し入れする際のアクセス速度は遅い．また，アクセス速度が遅いものは，一般的には安価であるため，大量に用意しやすい．逆に，アクセス速度が速いものを使いたくはなるが，価格が高いため，通常はコスト的に大量に使用するわけにはいかない．そのため，どのような用途に利用するのかを考え，適材適所に費用対効果を考えながら採用する必要がある．

また，接続されている記憶装置どうしでアクセス速度に差があると，コンピュータをスムーズに動かす際の障害になることから，そのギャップを埋め

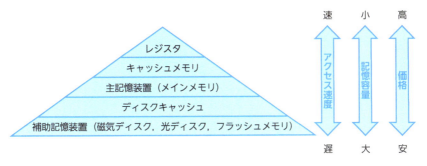

図 4.6　記憶階層

第 **4** 章　コンピュータの身体と頭脳 ハードウェア

るために**キャッシュ**と呼ばれる記憶装置が採用されるケースが多くなっている．図4.6にも，レジスタと主記憶装置との間にキャッシュメモリが，主記憶装置と補助記憶装置の間にディスクキャッシュが描かれている．

4.3.1　主記憶装置

4.1.3 項ですでに軽く触れているように，**主記憶装置（メインメモリ）**は，コンピュータの性能を示す1つの指標にもされ，実行中のデータやプログラムを保持しておくための装置である．補助記憶装置よりもアクセス速度が高速である反面，高価であるため，大量に用意することは難しい．一般にはよく「作業机の広さ」にたとえられることがある．作業をする際の作業自体のスピードは 4.2 節で説明した CPU の性能に依存するが，いくら作業スピードが速くても，その作業をするときの机が小さければ，処理をスムーズに行うことはできず，結果的に，作業スピードに悪影響を及ぼしてしまう．そのため，一般的には，主記憶装置の容量が大きいほど，高性能なコンピュータとされる．もちろん，価格も高価になる．

主記憶装置は，基本的には，コンピュータの電源を切ると，保持していたデータやプログラムは消える．この特性をもつメモリを**揮発性メモリ**と呼び，RAM（random access memory）はこれにあたる．また，RAM は，**DRAM**（dynamic RAM）と **SRAM**（static RAM）の大きく2種類に分けられる．表4.2 に，その他の半導体メモリもあわせて示す．

表 4.2　半導体メモリの種類と特徴

種類	揮発性/不揮発性	アクセス速度	容量	コスト	物理サイズ	代表的な用途
DRAM	揮発性	高速	大容量	中	中	主記憶装置(PC，サーバ)
SRAM	揮発性	非常に高速	小容量	高	中	キャッシュメモリ(CPU)
ROM（read only memory）	不揮発性	低速	小容量	低	小	ファームウェア，ブートローダ
フラッシュメモリ	不揮発性	高速	大容量	中	小	USB メモリ，SSD，メモリカード
DIMM (dual inline memory module)	揮発性	高速	大容量	中	大	主記憶装置 (デスクトップ PC，サーバ)
SO-DIMM (small outline DIMM)	揮発性	高速	大容量	中	小	主記憶装置 (ノート PC)

4.3 情報を保存しておくための記憶装置

図 4.7(a) に示すように，DRAM はコンデンサ（電荷を蓄えることができる電子部品）で構成されており，コンデンサに電荷を蓄えることで情報を保持している．構成が簡単なため，SRAM に比べて安価に大容量を確保することができる．消費電力も少なくて済むが，データを読み出すごとにコンデンサに蓄えられている電荷が放出され，データが消える現象が生じるため，リフレッシュと呼ばれる電荷を補充する処理が定期的に必要となる．そのため，アクセス速度は低下してしまう．

一方，SRAM は，図 (b) に示すように，フリップフロップというトランジスタ（電流の ON と OFF を制御するスイッチとして機能する電子部品）による順序回路で実現されており，リフレッシュの必要もないことから DRAM よりもアクセス速度は速い．ただし，構造が複雑なため大容量化には向かず，価格も高い．

これらの特性から，DRAM は主記憶装置に，SRAM は次項で説明するキャッシュメモリに利用されることが多い．

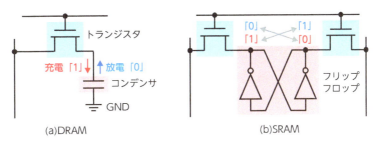

図 4.7　RAM の回路図

4.3.2　キャッシュメモリ

主記憶装置とレジスタ（CPU）とのアクセス速度の差を埋める目的として，**キャッシュメモリ**が採用されるケースが多い．主記憶装置よりも高速であるキャッシュメモリに，本来主記憶装置に格納されているべきデータが存在していたとすると，図 4.8 のように，CPU はアクセス速度の遅い主記憶装置までデータを読み取りに行く必要がなく，キャッシュメモリにアクセスしさえすればよいということとなり，結果的に速度の向上が見込まれる．

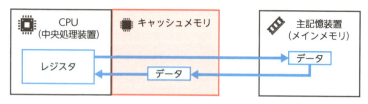

(a) キャッシュメモリにデータがない場合

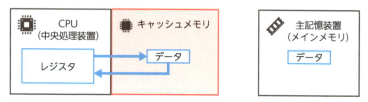

(b) キャッシュメモリにデータがある場合

図 4.8　キャッシュメモリへのアクセス

　ただし，キャッシュメモリの容量にも限りはあるため，すべてのデータをキャッシュメモリ内に保持しておくことはできない．適宜うまく主記憶装置にもデータを保存しながら高速化を図らなければならない．そこで，キャッシュメモリと主記憶装置のデータの更新方法として，**ライトスルーキャッシュ方式**と**ライトバックキャッシュ方式**の 2 種類が提案されている．

　ライトスルーキャッシュ方式では，図 4.9(a) のように，CPU からキャッシュメモリにデータを格納する際に，主記憶装置にも同時にデータを格納する方法である．キャッシュメモリと主記憶装置の内容がつねに同期されている反面，主記憶装置にまでアクセスをしに行くため時間がかかる．

　ライトバックキャッシュ方式では，図 (b) のように，ひとまずキャッシュメモリにだけデータを格納しておき，暇な時間を見つけて，主記憶装置にデータを適宜コピーする方法である．速度は速いが，キャッシュメモリと主記憶装置が非同期状態であることに注意して処理する必要が出てくる．

　また，キャッシュメモリの容量はかなり小さいため，必要なものは保持しておき，いらないものは削除するといったメモリ空間の整理整頓をする必要がある．このようなデータの入れ替え方法にもいくつかの方式がある．

　FIFO 方式は，最初に記憶したものを削除し，**LIFO 方式**は，最後に記憶したものを削除する方式である．この考え方は，3.3.2 項のキューとスタックで

4.3 情報を保存しておくための記憶装置

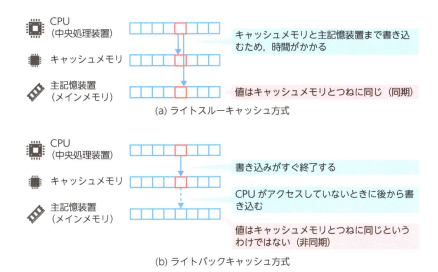

図 4.9　キャッシュメモリと主記憶装置のデータの更新方法

扱った概念と同じであるので理解しやすいであろう．

その他，**LRU**（least recently used）**方式**は，最後に参照されてからの経過時間が最も長いものを削除し，**LFU**（least frequently used）**方式**は，参照回数が最も少ないものを削除する方式である．

> **Column**
>
> **身近なものに置き換えて**
>
> 　メモリ空間のデータの入れ替え方法は，自分の部屋の掃除にも役立つかもしれない．たとえば，洋服の置き場所がいっぱいになってしまった場合，LRU 方式の考え方は，最後に着てからずーっと着ていない洋服を処分してスペースを確保することに置き換えられる．また，LFU 方式の考え方では，着る機会の最も少ない洋服を処分するということになる．
>
> 　コンピュータやネットワーク，アルゴリズムの話は，実際に目に見えることはまれであり，なかなかイメージが湧かず，理解しにくいことも多いかと思う．そんなときには，ちょっと無理があったとしても，自分の身近な例に置き換えて考えてみると，案外容易に理解できたりするものである．ぜひ，実践していただけたらと思う．

4.3.3 補助記憶装置

補助記憶装置に格納されたデータやプログラムは，電源が切れても消えることはなく保持されたままとなる．この特性をもつメモリを**不揮発性メモリ**と呼び，**ROM**（read only memory）はこれにあたる．主記憶装置よりも低速であるが，価格は安いため，大量に用意することができる．また，近年利用される機会の多い USB メモリは，半導体でできているため，読み書きするスピードもさほど気になることはなくなってきている．

素材別に分類すると磁気ディスク装置，光ディスク装置，磁気テープ装置，半導体記憶装置の4つに分類することができる（図4.10 ならびに表4.3 参照）．

磁気ディスク装置は，磁性を帯びた円盤状のディスクを記憶媒体に利用するもので，ハードディスク（hard disk drive：HDD）やフロッピーディスク（floppy disk：FD）がそれにあたる．爆発的に普及したが，近年では，次第に半導体記憶装置にその座が奪われてきている．

半導体記憶装置としては，メモリカードや USB メモリ，SSD（solid state drive）などのフラッシュメモリが有名である．磁気ディスク装置の場合，磁気ディスクに磁気ヘッドと呼ばれるデータを読み書きするアームを接触させないように接近させ，磁気的に記憶する．そのため，振動に非常に弱く，モバイル機器には不向きである．一方，半導体記憶装置ではそのような心配は一切なく，また，アクセス速度が高速であるにもかかわらず安価であることから，近年一気に普及した．

ハードディスク
（HDD）

フロッピーディスク
（FD）

磁気ディスク装置

メモリカード

USB メモリ

SSD

半導体記憶装置

CD

DVD

Blu-ray Disc

光ディスク装置

カセットテープ

VHS

磁気テープ装置

図 4.10　補助記憶装置の種類

4.3　情報を保存しておくための記憶装置

表 4.3　補助記憶装置の種類と特徴

種類	記憶容量	可搬性	利用法	代表的な用途
ハードディスク (HDD)	数百 GB ～数 TB	低	内蔵，外付け	パソコン，サーバ，外付けストレージ
ソリッドステートドライブ（SSD）	数百 GB ～数 TB	中	内蔵，外付け	パソコン，サーバ，モバイルデバイス
CD（CD-ROM, CD-R など）	約 700MB	中	ROM：読み出し専用 R：一度だけ書き込み	音楽，ソフトウェア配布，データ保存
DVD（DVD-ROM, DVD-RAM, DVD-R など）	4.7GB ～ 17GB	中	ROM：読み出し専用 RAM：読み書き可能 R：一度だけ書き込み	映画，ソフトウェア配布，データ保存，ビデオ録画
Blu-ray Disc	25GB ～ 100GB	中	光ディスク	映画，ゲーム，データ保存
フラッシュメモリ (USB メモリ, SD カード)	数 GB ～ 1TB	高	読み書き可能	データの持ち運び，バックアップ，カメラ，スマートフォン，タブレット
ストリーマ（磁気テープ）	数 TB ～数 PB	低	読み書き可能	バックアップ，アーカイブ

　光ディスク装置としては，CD や DVD，Blu-ray Disc などがそれにあたり，ディスクにレーザーを当てることで，ディスクにある無数の細かい穴（または，光を屈折させ反射しないようにする構造）を検知し，それを「1」と「0」に読み替えることで情報を記憶している．工場出荷時にデータが書き込まれているものや一度だけ書き込めるもの，書き換えが可能なものなどの規格が存在する．

　磁気テープ装置は，磁気を帯びたテープに情報を書き込む方法であり，音楽用のカセットテープや VHS などのビデオテープは一般家庭にも普及した歴史がある．ただし，記憶した箇所の頭出しに時間がかかることなどから，現在ではあまりお目にかからなくなった．

▌Column

温故知新

　磁気テープ装置は廃れた使えない技術というわけではなく，現代ではリニューアルされ，活用されていたりもする．クラウドというしくみやサービスがあるが，これを実現するためには，インターネットに接続された複数の

第**4**章　コンピュータの身体と頭脳　ハードウェア

サーバと呼ばれるコンピュータに大量のデータを保存しておく必要がある．また，その保存されたデータを安全に保持し続けるためには，やはりバックアップをとる必要が生じる．その際，半導体記憶装置などを利用すると，いくら安価になったとはいえ，莫大な予算が必要となる．

　そこで，磁気テープ装置という，安価で大量に用意できる記憶装置が，大量のデータのバックアップに利用されている．データの頭出しには時間がかかり，一般的な利用には不向きだが，一括でデータをコピーし，一括でデータを復元するためのバックアップの用途であれば，その課題は問題にはならないのである．

　古い技術は一度使われなくなったからといって，一生必要ないというわけではなく，温故知新という言葉があるように，時代が巡れば，また必要になることもあるのである．ただし，昔とまったく同じままで利用できることはまれであることも確かである．数学の「ねじれの位置」，ばねの渦巻きのようにグルグル回っているものの，まったく同じ軌道を回っているのではなく，少し進歩した，少し進んだところを回って進化しているのである．ぜひ，歴史を学び，古い技術にも触れて，未来に活かしてくれたらと思う．

4.4　コンピュータに情報を入れたり出したりするための入出力装置

　データやプログラムをコンピュータの内部に取り込むための入力装置と，コンピュータで処理した結果をコンピュータの外部に取り出すための出力装置は，直接人間が触れる部分であり，そのコンピュータの良し悪しへの印象を左右することもあることから，重要な装置としても認識されている．このインタフェースが悪ければ，いくら素晴らしいコンピュータであったとしても，使い続けることは難しい．これは，たとえばスマートフォンをイメージしていただければ理解しやすいのではないだろうか．

　入出力装置を機能させるためには，もちろんコンピュータと接続し，データを送受信する必要がある．このデータの送受信は，図 4.11 に示すように，大きく 2 つの伝送方式に分けられる．**パラレル伝送**では，送信側から受信側

4.4 コンピュータに情報を入れたり出したりするための入出力装置

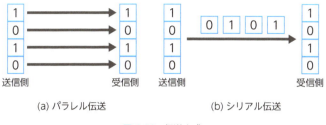

(a) パラレル伝送　　　(b) シリアル伝送

図 4.11　伝送方式

に複数のビットをまとめて伝送するのに対し，**シリアル伝送**では，1 ビットずつ順々に伝送する．そのため，基本的にはパラレル伝送のほうが伝送速度は速いが，複数の伝送線が必要となり，コストがかかる．一方，シリアル伝送では，伝送線が 1 本となるため，コストは抑えられるが，伝送速度は遅くなる傾向にある．

　一般的には，たとえば出力装置であるプリンタのように，プリンタの状態を把握しながらコンピュータからデータを送る必要があるような，双方向にデータのやり取りが必要な場合には，パラレル伝送方式が使われることが多い．ただし，USB（Universal Serial Bus）接続された機器どうしはシリアル伝送方式が使われている．「うちのプリンタは USB 接続されている」という人もいるかと思うが，それは USB の規格が非常に高速であることから，シリアル伝送を送信と受信で高速に切り替えながら，あたかもパラレル伝送しているかのように振る舞わせることができているにすぎないのである．あくまでも USB 接続ではシリアル伝送をしているので，誤解のないようにしてほしい．その他の入出力インタフェースを表 4.4 にまとめて示す．

第 **4** 章　コンピュータの身体と頭脳 ハードウェア

表 4.4　入出力インタフェースの種類と特徴

インタフェース	伝送方式	伝送速度	接続可能台数	特徴・用途
IDE	パラレル	最大 133 Mbps	1 対 1	ハードディスクや光学ドライブの接続．旧式で現在はおもに古い PC で使用．
ATA	パラレル	最大 133 Mbps	1 対 1	パラレルインタフェースの標準規格として用いられた．現在は SATA に置き換えられた．
USB	シリアル	最大 40 Gbps (USB4)	最大 127 台	汎用シリアルバス．高速，プラグアンドプレイ，給電機能あり．周辺機器接続，データ転送，充電．
Thunderbolt	シリアル	最大 40 Gbps (Thunderbolt 3, 4)	デイジーチェーンで最大 6 台	高速データ転送用インタフェース．非常に高速，多用途，デイジーチェーン可能．外部ストレージ，ディスプレイ接続．
RS–232C	シリアル	最大 115.2 kbps	1 対 1	古典的なシリアル通信規格．シンプル，長距離通信可能．モデム，産業機器．
HDMI	シリアル	最大 48 Gbps (HDMI 2.1)	1 対 1	高解像度マルチメディアインタフェース．高解像度ビデオ・オーディオ，コピーガード対応．テレビ，モニター，プロジェクター．
DisplayPort	シリアル	最大 77.4 Gbps (DP 2.0)	1 対 1 またはデイジーチェーンで複数台	デジタルディスプレイインタフェース．高解像度，マルチモニタ対応，音声信号も送信可能．コンピュータモニター，プロジェクター．
シリアル ATA (SATA)	シリアル	最大 6 Gbps (SATA 3.0)	1 対 1	ストレージデバイス用インタフェース．高速データ転送，ホットスワップ対応．ハードディスク，SSD．
Bluetooth	無線	最大 3 Mbps (Bluetooth 2.0+EDR)	ピコネットで最大 7 台	無線通信規格．短距離通信，省電力，多機能．ヘッドセット，マウス，キーボード．
BLE (Bluetooth Low Energy)	無線	1 Mbps	ピコネットで最大 7 台	低消費電力の無線通信規格．超省電力，短距離通信．フィットネストラッカー，スマートウォッチ．
Zigbee	無線	250 kbps	メッシュネットワークで最大 65,536 台	無線通信規格.低消費電力，メッシュネットワーク．ホームオートメーション，センサーネットワーク．
IrDA	赤外線	最大 4 Mbps (IrDA 1.1)	1 対 1	赤外線通信規格．短距離，直線通信，低消費電力．リモコン，短距離データ交換．
NFC	無線	最大 424 kbps	1 対 1	近距離無線通信規格．短距離，タッチレス，高速ペアリング．モバイル決済，アクセス制御．

章末問題

4.1 機械語の1命令を平均0.8クロックで実行できる1GHzのCPUは，平均して1秒間にどれだけの命令を実行できるか求めなさい．

4.2 キャッシュメモリの効果について説明しなさい．

4.3 DRAMの特徴（メリットとデメリット）について説明しなさい．

4.4 命令を取り出し，解釈して，その命令が実行されるように他の装置へ動作指示するとともに，次に実行する命令のアドレスを決める機能をもつ装置は何か答えなさい．

第5章

コンピュータの連携・協働と
その性能
コンピュータシステム

　第4章では，コンピュータ自体のしくみや機能について触れたが，コンピュータ1台だけで利用することは意外に少ない．サービスなどを提供するためには，さまざまなコンピュータや機器を連携させ，協働させて利用できるシステムが必要となる．そこで本章では，コンピュータシステムとして，どのような構成にするべきなのか，どのように稼働させれば安心・安全，そして，便利に利用できるのかというような視点から説明していきたいと思う．

5.1　コンピュータシステムの利用方法

　コンピュータを利用するとき，1台のコンピュータだけで完結できるものもあれば，複数のコンピュータやその他の機器が必要になり，いわゆる**コンピュータシステム**として利用することもある．1台のコンピュータを利用するのであれば，その1台のコンピュータの性能が効率に直結する．一方，コンピュータシステムとして利用する場合は，1台のコンピュータの性能がいくら良くても，それと連携する他のコンピュータや機器の性能が低ければ，それらの性能がボトルネックとなる．その結果，最高のパフォーマンスを出すことが難しくなり，せっかくの良い性能が宝のもち腐れとなってしまうことがある．

　また，1台のコンピュータを利用するのか，複数のコンピュータなどで構成されたコンピュータシステムを利用するのか，どちらが主流であるかは，時代によって変わる傾向がある．もちろん，最古は1台のコンピュータを利用するのが主流であったが，できることは限られてしまうため，複数のコンピュータが利用されるようになった．次の時代では，これまでのコンピュータの性能を著しく超えるものが開発され，それを複数台用意するのはコスト的に難しいなどの理由から，1台のコンピュータで完結するようになった．

でもやはり，それでは限界があるので，価格も落ち着いてきたころを見計らって複数のコンピュータをシステムとして利用するようになった．このように，時代は繰り返されてきているのである．

現在は，コンピュータはシステムとして利用されることが一般的となった時代である．いわゆる，**クラウド**と呼ばれるしくみ，サービスを利用するシーンが多い．

このクラウドの基本的な考え方は**クライアントサーバシステム**というものになる．クライアントサーバシステムは，図 5.1(a) に示すように，人が直接利用する非力なコンピュータ（**端末**）が通信回線を介して**サーバ**と呼ばれる高性能なコンピュータに接続されている．入力は端末から行い，仕事の大部分はサーバでこなし，結果を端末に返すことで，あたかも目の前にある端末が高性能なコンピュータかのように利用できる方法である．

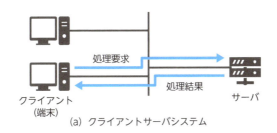

(a) クライアントサーバシステム

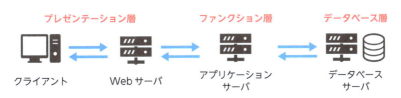

(b) 3 層クライアントサーバシステム

図 5.1　クラウドの基本的なしくみ

また，クライアントサーバシステムを拡張した図 (b) のような **3 層クライアントサーバシステム**というものもある．サーバが 3 段階に接続されており，それぞれのサーバが階層的に役割を分担することで，負荷分散を実現し，よりスムーズなコンピュータシステムとなるように構成されている．

この考え方をさらに発展させ，インターネットに接続された非常に多くのコンピュータやサーバを利用することで，負荷分散をしながらコンピュータシステムを利用できる環境が，クラウドと呼ばれるものになる．

コンピュータシステムのデータ処理の方法は，**バッチ処理**と**リアルタイム処理**の大きく2つの方法に分けられる．バッチ処理は，処理させたいデータをまとめて一括で指定し，一気に処理させる方法である．たとえば，図 5.2(a) のように，大量に処理しなければならないデータがある場合，コンピュータに入力して実行しても，すぐには結果が返ってこず，数時間後にならないとその結果が得られないといったこともよくあることである．しかし，その結果が出てくるまで，何もせずにそのコンピュータの前にずーっと座っているのでは時間がもったいない．大量に処理しなければならないデータがあるのであれば，席を離れる前にコンピュータに処理を指示し，戻ってきたときに，その結果を確認できれば効率も上がる．

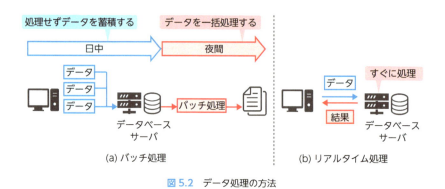

図 5.2 データ処理の方法

一方，図 (b) のリアルタイム処理は，データの処理命令を実行すると即座に処理を行い，結果が返ってくる方法である．たとえば，インターネットでの検索や銀行のATMでの出入金処理などを想像していただければわかりやすい．このような処理はリアルタイムに処理されなければ不便このうえない．

このように，コンピュータにさせるデータ処理の質を考え，その量や処理にかかる時間をあらかじめ見積もり，それらに応じた処理方法を適切にとると，時間的にもコスト的にも都合が良く，また，満足度も高くすることができる．

また，コンピュータシステムにデータを処理させるという枠組みでいえば，さまざまなものを制御することもコンピュータシステムの役割の１つになる．いわゆる自動制御システムといわれるものがこれにあたる．自動的に制御する方法としては，逐次的に決められた手順や条件に沿って制御を行う**シーケンス制御**，目標とする値と現在の結果の値を比較し，目標値と異なる場合には，その差がなくなるように制御を行っていく**フィードバック制御**，外乱を予測し，その影響が出てしまう前に制御を行う**フィードフォワード制御**がある．

5.2 コンピュータを安心・安全に稼働させるための工夫

コンピュータもコンピュータシステムも人間がつくり出したものである．それらは完璧で万全な存在ではなく，時に故障し，障害が生じることもある．しかし，できることなら，なるべく故障やそれに付随する障害でさまざまな悪影響が出てしまう事態は避けたいものである．そこで，コンピュータシステムを稼働させる際に，どのような構成をとれば良いのかについて，さまざまな考え方が提案されている．

最もシンプルな考え方は図 5.3(a) のように冗長性をもたせず，ネットワークにつなげるための通信制御装置，実際の処理を行うコンピュータ，そして，データなどを記憶しておくための記憶装置という必要最小限の装置のみをただ単純につなげて利用するという方法である．これを**シンプレックスシステム**と呼ぶ．機器も少なく，単純であるため，コスト的には有利であるが，どれかの機器にトラブルが生じるとコンピュータシステムとして機能しなくなってしまう．非常に脆弱な構成でもある．

そこで，図 (b) のような**デュプレックスシステム**というものがある．主系統と従系統という２系統を用意し，通常は主系統を利用しているが，主系統に障害が発生してしまった場合には，従系統に処理を切り替えることができる構成である．これにより，機器が故障しても処理を止めることなく継続でき，障害を回避することができる．

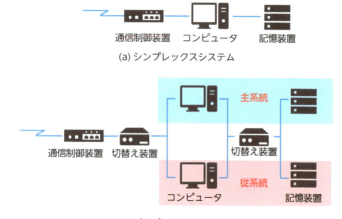

(a) シンプレックスシステム

(b) デュプレックスシステム

図 5.3 コンピュータシステムの構成

また，2 系統を用意する構成としては，図 5.4 のような**デュアルシステム**というものもある．これは，平時も 2 系統を同時に利用し，同一の処理を行わせる．一見無駄な気がするが，2 系統の結果を照合することで，信頼性をより高めることができる．そして，一方に障害が発生してしまった場合には，一方を切り離し，もう一方のみで処理を続けることで，ユーザには障害が起こったことがわからないような構成になっている．

コンピュータシステムがネットワークで接続されていることに着目してみると，**クラスタリングシステム**や**グリッドコンピューティング**と呼ばれるしくみもある．クラスタリングシステムは，同じ性能をもつ複数のコンピュータをネットワークで結合し，全体で 1 台のシステムとして稼働させるしくみである．また，グリッドコンピューティングは，異なる性能の複数のコンピュータをネットワークで結合し，全体で 1 台のシステムとして稼働させるしくみである．

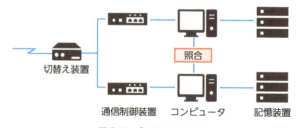

図 5.4 デュアルシステム

5.2 コンピュータを安心・安全に稼働させるための工夫

さらに，コンピュータシステムとしてではないが，磁気ディスク装置の信頼性を確保する方法としては，図5.5のような **RAID**（redundant arrays of inexpensive disks，または redundant array of independent disks）というシステムがある．複数の磁気ディスク装置を組み合わせ，同じデータを異なる磁気ディスクに保存し，自動的にバックアップをつくる**ミラーリング**や，複数の磁気ディスクに分散して保存する**ストライピング**，磁気ディスクに障害が発生してもデータを復元できるように誤り訂正符号である**パリティ**を使用す

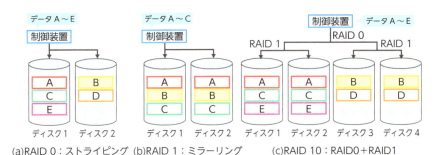

(a)RAID 0：ストライピング　(b)RAID 1：ミラーリング　(c)RAID 10：RAID0＋RAID1

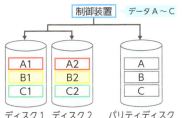

(d)RAID 3：ストライピング（パリティコード）

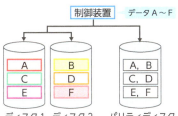

(e)RAID 4：パリティディスク固定

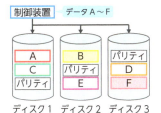

(f)RAID 5：パリティディスク分散

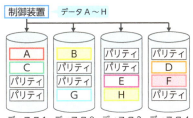

(g)RAID 6：パリティディスク分散（2台）

図5.5　RAID方式によるデータの格納方法

ることで，高速化と高信頼化を図っている．

5.3 コンピュータシステムの性能を確認する方法

　コンピュータシステムを評価する指標としては大きく分けて，レスポンスタイム，ターンアラウンドタイム，スループットの3つがある．**レスポンスタイム**とは，コンピュータに問い合わせを指示し終わって（または要求の終わり）から，最初の処理結果が出力されるまでの時間のことである．一方，**ターンアラウンドタイム**は，コンピュータに実行を依頼してから最後の処理結果を受け取るまでの時間のことである．図 5.6 にそれぞれの違いを比較できるようにして示す．両者の違いは，入出力の時間を含むか否かにあり，ターンアラウンドタイムでは入出力時間を含み，レスポンスタイムではそれを含まない．イメージとしては，コンピュータシステムという概念の中に，入力を行うまたは結果を受け取るという人間が含まれるのか，それとも純粋にコンピュータが行う処理時間だけであるのかの違いになる．

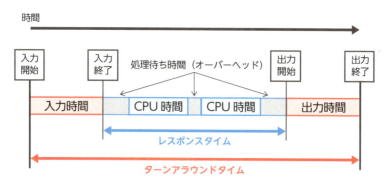

図 5.6　レスポンスタイムとターンアラウンドタイム

　また，違った見方として，**スループット**というものがある．これは，単位時間内にコンピュータシステムが仕事を処理する能力であり，スループットが高ければ，一定時間内により多くの処理ができることを示す指標である．
　これらの指標を用いて，実際にコンピュータシステムの性能を評価するためには，**ベンチマークテスト**か**モニタリング**を実施することが多い．ベンチ

マークテストとは，テスト用のプログラムを動かすことで性能を測るやり方であり，モニタリングは，実際の処理を行い，その状況から性能を測るやり方である．なお，モニタリングには，ソフトウェア的に測る**ソフトウェアモニタリング**とハードウェア的に測る**ハードウェアモニタリング**がある．前者は，モニタリング用のプログラムの稼働自体が測定値に影響を及ぼす反面，簡単でコストが安い．後者では，専用の測定機器を接続するため，測定値に影響を与えることはないが，手間がかかりコスト的な問題もある．

> ### Column
>
> #### 影にも光を当てて物事を見抜く
>
> 物事には，基本的に表と裏がある．光が当たれば，必ず影ができるのと同じように，メリットとデメリットのどちらかだけしか存在しないというものはない，と断言してもよいだろう．そのため，どのようなメリットとデメリットがあるのかをしっかりと調べて理解し，それを使おうとしている状況や場合に応じて，適切な物事を使い分けられるようになってほしい．
>
> 特に，広告やパンフレットなどのさまざまな主張には，耳あたりの良いことばかりがうたわれ，素晴らしい物事のように感じることが多い．しかし，絶対に都合の悪いことも存在しているはずである．良いことばかりが並んでいるものは，やはり怪しく，危険性が非常に高いといわざるをえない．しっかりとそれを見抜き，理解したうえで，商品を買ったり，サービスを契約したりしてほしい．

5.4　トラブルを引き起こさないための工夫

コンピュータシステムがトラブルを起こさずに高い信頼性を担保する構成方法については5.2節で説明した．しかし，コンピュータシステムを考える際にはそれだけでは心もとない．

障害が発生しにくいことを示す**信頼性**（reliability）の他には，つねにシステムが利用できる状態であることを示す**可用性**（availability），障害が

発生した際に正常な状態に戻すことができる回復のしやすさを示す**保守性**（serviceability），コンピュータシステムで処理したデータに矛盾や不整合が発生しないことを担保し，その性質を示す**保全性／完全性**（integrity），コンピュータシステムが不正に利用されず，情報漏洩などを防ぎ，情報セキュリティが担保されていることを示す**機密性／安全性**（security）がある．なお，これら5つの頭文字をとって**RASIS**と呼び，コンピュータシステムの信頼性を総合的に評価する指標として用いられている．

どれも重要な視点であり，どれを欠いてもコンピュータシステムとしては成立しないものである．また，これらの考え方は，コンピュータシステムにだけ当てはまるというわけではなく，たとえば，私たち人間自身にも当てはまることなのではないだろうか．

コンピュータシステムは，このような視点で捉えられながら，なるべく故障しないような工夫がなされ，構築されている．しかし，いくら工夫したとしても絶対に故障しないシステムは存在しない．一般的に，図5.7のような**バスタブ曲線**と呼ばれる関係が故障率と使用時間との間に成立するといわれている．

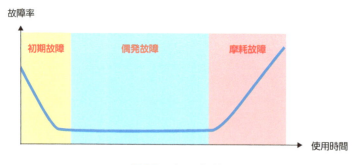

図5.7　バスタブ曲線

商品やサービスは，世に出る前にさまざまな試験を実施し，利用者に安心・安全に利用してもらえるような状態になってから提供される．しかし，あらゆる条件下において，すべての項目や機能のチェックを完璧に実施するのは，かなり大規模かつ複雑な要求が多く，現実的には難しいといわざるをえない．そのため，いわゆる初期不良ともいわれる初期のころに発生する故障がある．その後，故障したら修理することを続けて使い続けると，それらのような故

障は徐々に解消されていき，かなり故障も減っていく．減っていったとしても，基本的には0にはならないが，突発的，偶発的な故障の発生ぐらいには落ち着く時期が続く．ただ，その状態が未来永劫続くのかというとそう簡単にはいかない．使用を続けると，摩耗などの経年劣化で，また故障率は増えていってしまうのである．

このような関係を図に示すと図 5.7 のような形となり，それが浴槽のような形をしていることからバスタブ曲線と呼ばれている．これもコンピュータ

▍Column

ものの価値

商品やサービスには価格が設定されている．できれば，自分が満足できる物事に，それを提供してくれた対価として適正な価格を支払いたい．とはいうものの，やはり安いに越したことはないだろう．しかし，ただ安ければ良いというのも問題である．

高価な材料や希少価値のあるもの，それらを保証するブランドものなどは一般的に価格が高い傾向にある．一方，粗悪なものは安いが，安物買いの銭失いにならないようにしなければならない．

特に，家電やコンピュータ機器などの価格にはそれなりの理由がある．もちろん，製造にかかるさまざまな人件費や製造コストなどの価格差により生じる安さもあるが，工場出荷時のチェックがちゃんとなされているか否かも価格に反映されることになる．品質管理という概念である．

同じような商品なのに著しく価格に差があるのであれば，そのあたりを疑ってみると良いかもしれない．安心・安全は，商品を購入して使用し，いくらかの時間が経過しないとその真価がわからないことが多い．また，真価がわかったとき，最悪のケースだと故障やトラブルに見舞われることとなり，結果として大きな代償を支払わなければならないこともある．

目に見えない部分に対する対価というものも意識しながら，商品の購入を検討してほしい．そして，商品を開発，製造，販売する立場になった際には，ぜひこのことを心に刻んで真摯に物事に向き合い，心豊かに安心・安全に生活できる世の中に貢献できるように努めてほしい．幸せは，効率や儲け，自分のためだけではないはずである．

システムの故障率と使用時間との関係だけにいえることではなく，また，浴槽をひっくり返したような形の逆バスタブ曲線の関係になるものもある．一度，身の回りの物事でこのような現象を示すものを見つけていただきたい．

　さて，コンピュータシステムのトラブルを起こさないための指標には，先に示した信頼性，可用性，保守性，保全性／完全性，機密性／安全性の5つがある．要約すれば，いかにトラブルなく，また，トラブルが発生した際にはいかに速やかに復旧できるかが重要であるということである．前者には，**フォールトアボイダンス**という考え方が該当し，障害の発生を未然に防ぐために信頼性の高い機器を採用し，保守と管理を徹底するという方策が該当する．一方，後者は，障害が発生した際にその影響を最小限に食い止めるという発想であり，**フォールトトレランス**と呼ばれる．また，フォールトトレランスには，さらに次の4つの捉え方がある．

　フェールセーフは，たとえば，信号機が故障したら赤が点灯するように設計されているように，障害が発生した際に安全な状態になるように制御する方法である．

　フェールソフトは，たとえば，飛行機で片側のエンジンが故障したらもう片方のエンジンで飛行を継続できるように，障害が発生した際に必要最小限の機能のみを稼働し続ける方法である．特に，障害が発生した部分を切り離し，稼働を継続することを**フォールバック**（**縮退運転**）と呼ぶ．

　フェールオーバは，障害の発生に備えて待機系統を用意しておくことをいう．なお，待機系統から主系統に処理を復帰させることを**フェールバック**と呼ぶ．

　なお，コンピュータシステムのトラブルの原因は，機器の故障だけではなく，使用するユーザの誤操作にあることも多い．そこで，たとえば，車が急発進することを防止するために，ブレーキを踏んだ状態でないと車のエンジンがかからないようになっているように，ユーザの誤操作による障害を防ぐしくみを**フールプルーフ**と呼ぶ．

　信頼性が高いシステム，つまり故障せずに機能することは，いつでもシステムを利用できるという可用性につながっている．この可用性は**稼働率**でその状況を示すことができる．

　稼働率は，システムの稼働時間と故障によるシステムの停止時間とで次のように算出される．

$$稼働率 = \frac{稼働時間}{運転時間} = \frac{稼働時間}{稼働時間 + 停止時間}$$

また，稼働時間を故障回数で割った**平均故障間隔**（mean time between failure：**MTBF**）と故障時間を故障回数で割った**平均修理時間**（mean time to repair：**MTTR**）により

$$稼働率 = \frac{MTBF}{MTBF + MTTR}$$

とも表すことができる．平均故障間隔（MTBF）は，修復後に稼働を再開してから次の故障で停止するまでの時間にあたり，信頼性の指標として機能する．また，平均修理時間（MTTR）は，修復により停止している時間にあたり，保守性の指標として機能する．

例題 5.1

稼働時間が 80 時間で，1 回の停止時間が 10 時間の故障が 2 回発生した場合，このシステムの稼働率を求めよ．

例題 5.1 の解答

稼働率は

$$稼働率 = \frac{稼働時間}{稼働時間 + 停止時間}$$

で求められるため，それぞれの時間を代入すると

$$稼働率 = \frac{80}{80 + 10 \times 2} = \frac{80}{100} = 0.8$$

となる．また，別の計算式では

$$稼働率 - \frac{平均故障間隔（MTBF）}{平均故障間隔（MTBF）+ 平均修理間隔（MTTR）}$$

$$= \frac{稼働時間 \div 故障回数}{(稼働時間 \div 故障回数) + (故障時間 \div 故障回数)}$$

$$= \frac{80 \div 2}{80 \div 2 + 20 \div 2} = \frac{40}{40 + 10} = \frac{40}{50} = 0.8$$

となり，先の計算結果と同じであることがわかる．

なお，小学校の理科の時間に習った乾電池のつなぎ方と同じように，図 5.8 のようにシステムを直列または並列でつなぐことで，その稼働率は変化

する．2つのシステムの稼働率をそれぞれ A と B としたとき，それらのシステムを直列または並列でつないでシステム化した際の稼働率を数式で表現すると

　　直列システム：　稼働率 $= A \times B$

　　並列システム：　稼働率 $= 1 - (1 - A) \times (1 - B)$

となる．

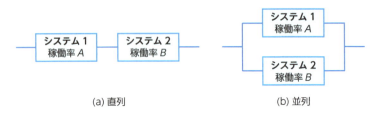

図 5.8　システムのつなぎ方

例題 5.2

稼働率が 0.8 のシステム A と B があった場合，それらを並列または直列で接続した際のシステム全体としての稼働率をそれぞれ計算せよ．

例題 5.2 の解答

稼働率が 0.8 のシステム A と B を直列で接続した場合

　　稼働率 $=$ 稼働率 $A \times$ 稼働率 $B = 0.8 \times 0.8 = 0.64$

となる．また，稼働率が 0.8 のシステム A と B を並列で接続した場合

$$
\begin{aligned}
稼働率 &= 1 - (1 - 稼働率 A) \times (1 - 稼働率 B) \\
&= 1 - (1 - 0.8) \times (1 - 0.8) \\
&= 1 - 0.2 \times 0.2 \\
&= 1 - 0.04 \\
&= 0.96
\end{aligned}
$$

となる．

なお，この計算結果より，この条件下の場合は並列で接続したほうが稼働率は高く，可用性に優れているといえる．

章末問題

5.1 1つの処理を2系統のシステムで独立に行い，結果を照合する方式は何か答えなさい．

5.2 フールプルーフについて説明しなさい．

5.3 単位時間あたりに処理される仕事の量を表す用語は何か答えなさい．

5.4 次の図のように，稼働率 P のシステムで構成されたシステム全体の稼働率を，P を用いた式で示しなさい．ここで，並列部分はどちらか一方が稼働していればよいものとする．

第
6
章

ハードウェアとユーザを
仲介する機能
オペレーティングシステム

　第3章で，プログラムとアルゴリズムの話をしたが，ユーザがそのプログラムをハードウェア上で動かすためには，ソフトウェアのことはもちろんのこと，かかわるすべてのハードウェアのしくみや動きを理解しておかなければならない．しかし，これは現実問題として，至難の業といわざるをえない．そこで，オペレーティングシステムという，ハードウェアとユーザとの間に入って仲介をしてくれるソフトウェアが必要となる．本章では，これについて触れたい．

6.1　オペレーティングシステムとは

　コンピュータはハードウェアでできており，ハードウェアの上でソフトウェアが動くことで，コンピュータとしての実力を発揮できる構成になっている．本来，ソフトウェアを開発するためには，どのようなハードウェア構成の機器であるのか，そのハードウェアはどのように動くのかなど，電気信号レベルで理解していなければ，正しくソフトウェアを開発することはできない．しかし，このようなことができる人は世界中でもまれな存在であり，一般的には不可能といっても過言ではない．しかし，ソフトウェアを開発する人たちは大勢いるのが現実である．では，これはどういうことなのだろうか？

　この問題を解決してくれているのが，本章で扱う**オペレーティングシステム**（operating system：**OS，基本ソフトウェア**）と呼ばれるソフトウェアである．役割としては，ハードウェアの制御，CPU やメモリ，周辺機器などの具体的な「物」であるハードウェアの管理，時間や情報など抽象的な「もの」の管理がある．

　オペレーティングシステムは，コンピュータには必要不可欠な存在であり，必ず搭載されている．そこで，ハードウェアなどの制御・管理だけではなく，人間が理解しやすいプログラミング言語を使って作成したプログラムをコン

6.1 オペレーティングシステムとは

ピュータ上で動くように機械語に翻訳・変換する機能である**言語プロセッサ**や，電卓やメモ帳など多くのユーザが利用すると想定される簡単なプログラムも**サービスプログラム（ユーティリティプログラム）**として，あわせて提供してくれることが一般的になっている．

図 6.1 にハードウェアとユーザ，そして，その間に存在するソフトウェアの関係を示す．ユーザはコンピュータを利用するときに，**応用ソフトウェア（アプリケーションプログラム）**と呼ばれるソフトウェアを利用することになる．スマートフォンではアプリと呼ばれるものがこれに該当する．また，「プログラミング言語を学んで，プログラムをつくりたい」という人も多いと思うが，おそらく，ここで多くイメージされているプログラムは，この応用ソフトウェアだろう．特定の業種の特定の業務を処理するためのソフトウェア，たとえば，企業の財務システムなどはこれにあたり，個別応用ソフトウェアと呼ばれる．また，不特定多数の一般のユーザが使用するソフトウェア，たとえば，文書作成ソフトや表計算ソフト，お絵かきソフトやゲームなどは共通応用ソフトウェアと呼ばれる．ハードウェアからは最も遠く，ユーザに近い位置に存在するソフトウェアである．

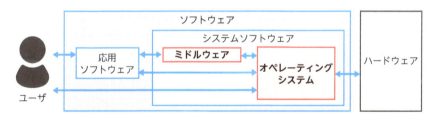

図 6.1　ソフトウェアの役割（ハードウェアとユーザとの関係）

一方，オペレーティングシステムは，逆に最もハードウェアの近くに位置するソフトウェアである．そこで，オペレーティングシステムと応用ソフトウェアとの間で架け橋としての役割を担う**ミドルウェア**というソフトウェアがある．ミドルウェアは，ハードウェアやオペレーティングシステムの詳細をわかっていなくても応用ソフトウェアを作成できるようにするためのソフトウェアであり，応用ソフトウェアに依存しない汎用性が求められる．このミドルウェアのおかげで，私たちは，応用ソフトウェアのことだけを知って

いれば，個別のハードウェアの細かなことを意識しなくてもプログラミングをして応用ソフトウェアを自由につくることができるのである．たとえば，**データベース管理システム**（data base management system：**DBMS**）や，オペレーティングシステムに用意された汎用的な機能を共用できるように公開されているプログラムである **API** は，ミドルウェアにあたる．なお，このミドルウェアとオペレーティングシステムをまとめて**システムソフトウェア**と呼ぶことがある．

　オペレーティングシステムには，対象にするコンピュータの機能や規模，種類に応じてさまざまなものが用意されている．大規模なシステムで利用され，障害対策などの機能に優れている汎用コンピュータ用や UNIX として有名なワークステーション用，パーソナルコンピュータ用の Windows や MacOS，Linux，スマートフォン用の Android や iOS などがある．

6.2　人間側から見たときの仕事の管理方法　〜ジョブ〜

　コンピュータで仕事をするとき，その仕事を人間側から見るか，逆にコンピュータ側から見るかで印象が異なる．たとえば，自動販売機でジュースを買うことを考えたとき，図 6.2 のようにユーザはお金を入れ，飲みたいジュースのボタンを押すことで，ジュースを買うことができる．一方，コンピュータ側から見た場合，投入されたお金を計算し，その金額で購入できる商品のボタンを点灯させ，押されたボタンに該当するジュースを取り出し口に出す

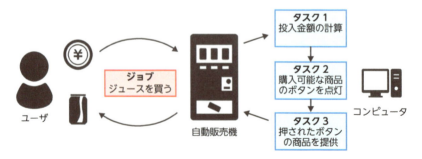

図 6.2　ジョブとタスクのイメージ

6.2 人間側から見たときの仕事の管理方法 〜ジョブ〜

処理となる．また，お釣りの計算や点灯していないボタンが押されたときなどの細かい処理は他にもある．

このように，人間側から見たときのコンピュータに与える仕事の単位を**ジョブ**と呼ぶ．複数の処理を1つのまとまりとみなすことができるものである．

ジョブの処理方法としては，図 6.3 に示すように，**バッチ処理**，**リアルタイム処理**，**タイムシェアリングシステム**（time sharing system：**TSS**）の3種類がある．バッチ処理とリアルタイム処理については，5.1 節ですでに説明したが，前者が実行させたいジョブを指定して一括に処理させる方法，後者がジョブを指定すると即座に処理を行う方法である．タイムシェアリングシステムでは，1台のコンピュータを複数人で利用し，短い時間でその利用者を切り替えるやり方である．その他, 並列処理に関する事項については表 6.1 にまとめたので参照してほしい．

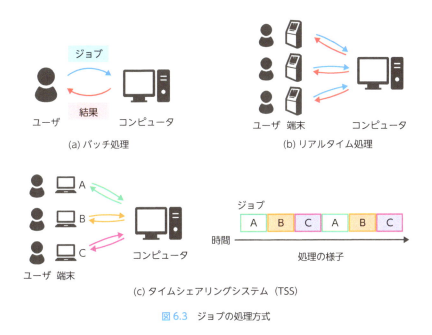

図 6.3　ジョブの処理方式

表6.1 並列処理方式の種類

種類	名称	説明
SISD	単一命令単一データ (single instruction single data)	1つの命令ストリームが1つのデータストリームを処理する．従来のシリアルコンピュータが該当．
SIMD	単一命令複数データ (single instruction multiple data)	1つの命令ストリームが複数のデータストリームを並列に処理する．ベクトルプロセッサやグラフィックスプロセッサ（GPU）が該当．
MISD	複数命令単一データ (multiple instruction single data)	複数の命令ストリームが1つのデータストリームを並行して処理する．実用例はほとんどないが，フォールトトレラントシステムなどに理論的に利用される．
MIMD	複数命令複数データ (multiple instruction multiple data)	複数の命令ストリームが複数のデータストリームを並行して処理する．マルチプロセッサシステムや分散コンピューティングが該当．

6.3 コンピュータ側から見たときの仕事の管理方法 ～タスク～

前節のジョブとは逆に，コンピュータ側から見たときの仕事の単位を**タスク**（**プロセス**）と呼ぶ．オペレーティングシステム上で実行される内部的な処理の単位にあたる．そのため，ジョブに比べてタスクのほうが一般的に小さな処理となる．

タスクの処理方法としても図6.4に示すように，3種類が存在する．図(a)の**ユニタスク方式**では，1つのCPUで1つずつプログラムを実行する．レストランのウェイターと客を例にすると，1人のウェイター（CPU）が1人の客（タスク）につきっきりで対応するイメージである．これでは，たくさんの客が来た場合，行列ができ，客の要求になかなか答えられないこととなってしまう．

そこで，図(b)の**マルチタスク方式**では，1つのCPUが2つ以上のプログラムを切り替えて実行する．ウェイターが一所懸命に働き，たくさんの客の相手を1人でこなすイメージである．

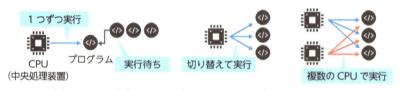

図6.4 タスクの処理方式

6.3 コンピュータ側から見たときの仕事の管理方法 ～タスク～

これで，ある程度スムーズにタスクを実行することができるが，人間は貪欲な生き物である．もっと速くタスクをこなしたい．そこで，図 (c) の**マルチプロセッサ方式**では，2つ以上の CPU を使って，それぞれがマルチタスク方式で実行する．店も大繁盛してきたので，ウェイターをたくさん雇い，多くの客の対応をみんなでできるようにするイメージである．表 6.2 にマルチプロセッサ方式の種類とその詳細をまとめたので参照してほしい．

表 6.2　マルチプロセッサ方式の種類

概念	説明
疎結合マルチプロセッサシステム	各プロセッサが独立したメモリをもち，メッセージパッシング（データや指示をメモリではなくメッセージでやり取りする手法）を用いて通信を行うシステム．プロセッサ間の結合が緩やかであり，スケーラビリティ（システムを拡張しても性能が落ちにくい性質）が高い．
密結合マルチプロセッサシステム	複数のプロセッサが共有メモリ（すべてのプロセッサが同じメモリ空間を利用する方法）を用いて通信を行うシステム．プロセッサ間の結合が強く，データの共有や同期が容易．低レイテンシ（通信の遅延が少ない）での通信が可能．
クラスタ	独立したコンピュータ（ノード）がネットワークで接続され，協調してタスクを実行するシステム．高い信頼性とスケーラビリティをもつ．分散コンピューティングの一形態．

6.3.1　タスクの切り替えタイミング

ここで考えなければならないことは，効率よくタスクをこなすために，いつどのようなタイミングで実行するタスクを切り替えるのが良いのかということである．1つは，一定時間ごとにタスクを切り替える**タイムスライス方式**である．なお，このときの一定時間のことを**タイムクオンタム**と呼ぶ．

もう1つは，特定の処理が行われたときにタスクを切り替える**イベントドリブン方式**である．たとえば，入出力動作の開始や終了のタイミング，タスクが生成されたり終了したりするタイミングなどである．

また，強制的に実行中のタスクを中断して別のタスクを実行しなければならないケースも存在する．これを**割り込み制御**と呼ぶ．たとえば，表 6.3 にあるように，実行中のタスクから別のタスクを呼び出す内部割り込みや，ハードウェアの状態に起因する外部割り込みがある．

第 **6** 章　ハードウェアとユーザを仲介する機能 オペレーティングシステム

表 6.3　割り込み制御

分類	種類	発生条件と特徴
内部割り込み	プログラム割り込み	プログラム実行中に異常（ゼロ除算エラー，オーバフロー，記憶保護例外など）が発生した場合に発生．これにより，システムはエラー処理ルーチンを呼び出し，適切な対処を行う．
	スーパバイザコール割り込み	プログラムが OS でなければ実行できない機能を利用する際に発生（ファイル操作，メモリ管理など）．この操作はシステムコールと呼ばれ，ユーザプログラムが OS のサービスを要求するためのインタフェースとして機能する．
外部割り込み	入出力割り込み	入出力処理が完了したときに発生．たとえば，ディスクの読み書きが完了した際に，CPU に通知されることで次の処理が進められる．
	機械チェック割り込み	ハードウェアの異常（電源異常，装置の故障など）が生じた際に発生．自動的に CPU が割り込みをかけ，エラー処理を行う．これにより，システムの安定性を保つ．
	タイマ割り込み	設定した時間が経過すると自動的に発生．これにより，リアルタイム処理やスケジューリングの制御が行える．
	コンソール割り込み	端末からのユーザ入力や操作（キーボード入力やマウス操作など）により発生．ユーザの意図に応じた処理を即座に行うために，重要な役割を果たす．

6.3.2　タスクへの優先順位のつけ方

　さらに考えなければならないのは，タスクを切り替える際に，どのタスクを優先するのが良いのかということである．ここでは 4 つの方式を紹介する．FIFO 方式では，これまでに数回本書の説明にも出てきたように，タスクが実行可能になった順に実行していく方法である．これは **FCFS**（first come, first served）**方式**と呼ばれることもある．**優先度順方式**では，あらかじめ各タスクに割り当てられた優先度の順に実行していく．**ラウンドロビン方式**では，待ち行列の先頭にあるタスクから順に実行していき，実行されたタスクは最後尾に回されていく．**多重待ち行列方式**は，優先度が割り当てられた待ち行列にタスクを複数用意し，優先度の高い待ち行列の先頭から順に実行していく方法である．

6.3.3　タスクの状態遷移

　タスクは生成されてから終了して消滅するまでに複数の状態を遷移することとなる．その状態遷移を図 6.5 に示す．タスクが生成されると，まず**実行可能状態**になる．その後，そのタスクの順番が来たときに①の遷移を行い，

78

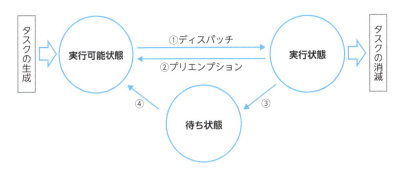

図 6.5 タスクの状態遷移

実行状態になる．なお，この①の遷移を**ディスパッチ**と呼ぶ．実行状態からは②と③のどちらかの遷移をするか，実行が終了してタスクが消滅する．②は，タスクの割り当て時間が終了したり，より優先度の高いタスクに実行権を奪われたりした際の遷移であり，**プリエンプション**と呼ばれる．プリエンプションが起こると，実行状態から実行可能状態に戻る．また，③は入出力の割り込み制御が発生した際に起こり，実行状態から**待ち状態**に遷移する．待ち状態からは入出力処理が終了したタイミングで④の遷移が起こり，実行可能状態に戻ることになる．このように，生成されたタスクは，必ず実行状態からでないと終了して消滅することはできないことに注意が必要である．

6.4 コンピュータに記憶させる情報の整理方法

4.1.1 項で説明したように，現代のノイマン型コンピュータでは，プログラムやデータは一度，主記憶装置に保持してから CPU で処理されることになる．主記憶装置の記憶容量も年々増加の一途をたどっているが，それと比例するかのようにソフトウェアやデータの容量もどんどんと増え続けてきている．このような状況下において，限りある主記憶装置の記憶領域（主記憶領域）をいかに有効かつ効率的に利用するかは重要なことであり，オペレーティングシステムにおいてこのような主記憶装置の管理は欠くことのできない役割の1つである．主記憶領域を有効かつ効率的に利用するための方策として，4つ説明する．

6.4.1 主記憶領域の割り当て方法

タスクが動作するために必要な領域を主記憶装置内に割り当てる方法に，区画方式がある．図 6.6 に 2 種類の方式のイメージを示す．

図 (a) の**固定区画方式**では，主記憶領域をあらかじめいくつかの領域に区切っておき，その区画に各タスクを割り当てていく．そのため，同時に存在できるタスクの数やその大きさがあらかじめ決められることとなる．また，区画とタスクの大きさがぴったりと合うことはなく，どうしても利用されない領域ができてしまう．これでは，無駄が生じることとなり，限りある主記憶領域を使いこなしているとはいえない．

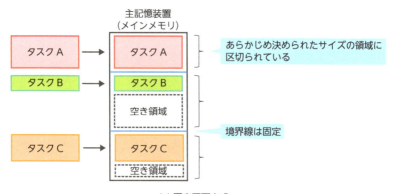

(a) 固定区画方式

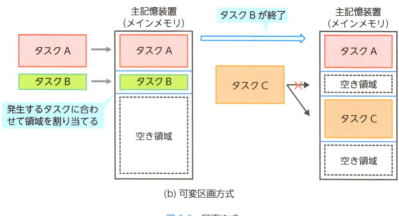

(b) 可変区画方式

図 6.6 区画方式

6.4 コンピュータに記憶させる情報の整理方法

そこで，図 (b) の**可変区画方式**では，あらかじめ領域を区切っておくのではなく，発生するタスクに合わせて主記憶領域を割り当てる．こうすることで，タスクに必要な領域をぴったりと用意することができ，一般的には固定区画方式よりも効率が良い．しかし，良いことばかりではなく，主記憶領域が**フラグメンテーション**（**断片化**）を起こし，効率が悪くなるという現象が生じてしまうことがある．これはまず，先に実行されていたタスクが終了して消滅した際，そのタスクが占有していた主記憶領域は解放されることになる．その際，その解放された主記憶領域は直前に実行していたタスクのサイズになっているため，次に発生したタスクがその空いた主記憶領域にぴったり収まるとは限らない．固定区画方式の場合と同じように，利用されない部分が生じてしまったり，次のタスクのほうが大きかったりする場合には，空いている主記憶領域には入らず，最後尾などの空いている領域に割り当てられることとなる．結果として解放された主記憶領域は使われないということが起こってしまう可能性があるのである．

なお，フラグメンテーションを起こした箇所を 1 つにまとめて，連続した広い空き領域を確保する処理を**メモリコンパクション**と呼ぶ．また，主記憶装置だけではなく，補助記憶装置でも同じようなことは生じる．この際にフラグメンテーションを解消する方法を**デフラグメンテーション**と呼ぶ．HDDのような磁気ディスク装置の場合，デフラグメンテーションは有効である．一方，SSD のような半導体記憶装置の場合は，デフラグメンテーションを行うことで読み書きが頻繁に行われ，結果的に寿命を縮める恐れがあることから推奨されない．

6.4.2 主記憶領域へのプログラムの再配置

プログラムを主記憶装置に読み込む際に，読み込んだ主記憶領域でプログラムが正常に動作するように行う処理が再配置である．たとえば，図 6.7 の補助記憶装置の中の実行可能プログラムのように，一般的にプログラムを作成する際には，そのプログラムが主記憶装置のどの場所に割り当てられるかまでは考えられていない．そのため，このプログラムでは，主記憶領域の 0 番地から始まり，途中の 20 番地で 25 番地にジャンプするというような書き方がされている．

このプログラムを実行する際に，主記憶領域の 0 番地からロードされれば，

第 6 章　ハードウェアとユーザを仲介する機能　オペレーティングシステム

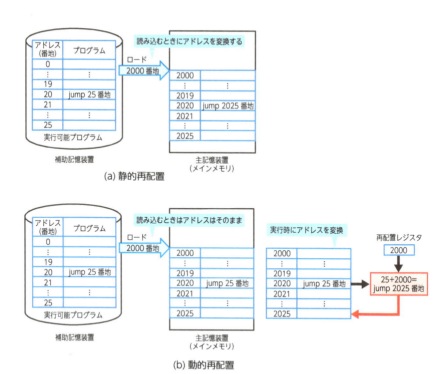

図 6.7　プログラムの再配置

プログラムの中に書かれている「25 番地にジャンプする」という命令は正しく実行されることになる．しかし，主記憶領域のどの部分にプログラムがロードされるかはわからない．たとえば，図 6.7 のように，このプログラムが主記憶領域の 2000 番地からロードされた場合，プログラムの中に書かれている「25 番地にジャンプする」という命令をそのまま実行してしまうと，想定していた場所にはジャンプせず，正常に実行することができない．

そこで，プログラムを主記憶装置に読み込む際に，**静的再配置**または**動的再配置**という処理を行う．図 (a) の静的再配置では，プログラムを主記憶領域にロードする際に，プログラムの中で参照するアドレスをそのロード箇所で正常に動くように変更してから読み込む．つまり，2000 番地からロードする場合，「25 番地にジャンプする」という命令を「2025 番地にジャンプする」と変更する．一方，図 (b) の動的再配置では，プログラムの中で参照するアドレスを相対アドレスとして読み込むことで対処する．つまり，プログラム

を主記憶領域にロードする際にはそのままの形でロードし,「25 番地にジャンプする」という命令を実行する際に,「25 番地」にプログラムをロードした 2000 番地を加算した値,「(25 + 2000) 番地にジャンプする」という命令として解釈して実行する.

6.4.3　主記憶領域の保護

　主記憶領域の保護とは,各タスクが利用できる主記憶領域を限定する機能である.プログラムミスや故意により,主記憶領域が破壊されることを未然に防ぎ,システム全体の安全性を高めることができる.コンピュータウイルスを作成するなどという故意に悪いことをすることは言語道断であるが,無意識のうちにミスをして,主記憶領域を破壊してしまうようなプログラムをつくってしまう危険性は 0 ではない.そこで,このような保護機能をコンピュータは有しているが,それは万全ではない.そのため,日夜コンピュータウイルスと闘わなければならないし,プログラムを作成する際には細心の注意を払うようにしてほしい.

6.4.4　主記憶領域を有効に利用する方法

　次にあげる 3 つの方法により,主記憶領域を有効に利用する方策がとられている.まずは,図 6.8(a) に示す**スワッピング**である.これは,主記憶領域を確保するために,動作させないプログラムを選択し,そのすべてを補助記憶装置に移動させ(**スワップアウト**または**ロールアウト**),動作させるプログラムを補助記憶装置から主記憶領域に読み込む(**スワップイン**または**ロールイン**)ことを行う.

　次に,**セグメント方式(オーバレイ方式)**は,主記憶領域よりも大きなプログラムを実行するための方法であり,プログラムが用いる主記憶領域を用途に応じて可変長の**セグメント**という単位に分割し,処理の過程で必要なセグメントだけを主記憶領域に格納し,利用する方法である.図 (b) に示すように,プログラム A とプログラム B で同じセグメントを使い回して利用できれば,その分,主記憶領域は圧迫されずに済み,結果として主記憶領域よりも大きなプログラムを実行することが可能となる.

　主記憶領域以上の大きなタスクを動作させるためのしくみとしては,補助記憶装置上に,仮想的に主記憶領域の代わりをする領域を作成する機能もあ

第 6 章　ハードウェアとユーザを仲介する機能 オペレーティングシステム

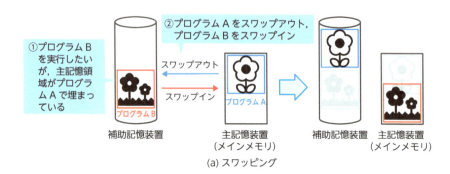
(a) スワッピング

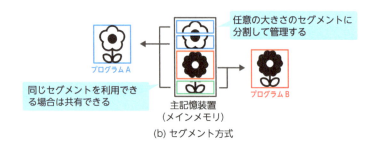
(b) セグメント方式

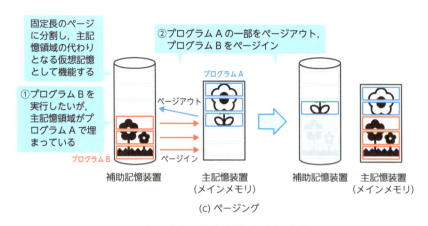
(c) ページング

図 6.8　主記憶領域を有効に利用する方策

る．これを**仮想記憶**と呼ぶ．仮想記憶では，プログラムが用いる主記憶領域を固定長の**ページ**と呼ばれる単位に分割し，主記憶領域から補助記憶装置へ書き出す**ページアウト**と，補助記憶装置から主記憶領域に読み込む**ページイン**の**ページング**を行う（図 (c)）．なお，この際，どのページを入れ替えるのが良いのかを判断することになるが，その方法は，4.3 節で説明したキャッシュメモリの整理整頓アルゴリズム（FIFO，LIFO，LRU，LFU）と同じであるため，詳細はそちらを参照してほしい．

6.5 コンピュータに保存するファイルの整理方法

コンピュータで扱うファイルは，**テキストファイル**と**バイナリファイル**に大別される．テキストファイルは，文字列で記録しており，文字は文字コードに従って格納される．一方，バイナリファイルは，コンピュータが直接処理できるように記録しており，2 進数データとして格納される．

これらのファイルは，現在の多くのオペレーティングシステムでは，**ディレクトリ（フォルダ）**という階層構造を利用して整理されている．イメージとしては，3.3 節のデータ構造で説明した木構造がこれに近い概念である．

また，各ファイルの保存場所は，階層構造の位置をパスと呼ばれる文字列で表現して指定することになる．最上位の位置（**ルートディレクトリ**）からそのファイルが保存されている場所までの経路を文字列で表現する**絶対パス指定**と，現在の位置（**カレントディレクトリ**）からそのファイルが保存されている場所までの経路を文字列で表現する**相対パス指定**がある．

章末問題

6.1 タスクのディスパッチについて説明しなさい．

6.2 ファイルシステムの絶対パス指定について説明しなさい．

6.3 以下の用語について，ページングで使用することを想定して説明しなさい．
 (1) FIFO
 (2) LFU
 (3) LIFO
 (4) LRU

6.4 タスクの状態遷移において，実行状態のタスクが実行可能状態に遷移するのはどのような場合か説明しなさい．

第7章

コンピュータと人が
接するところ
ソフトウェア

　コンピュータでは, さまざまな情報やデータを扱う. 文字で書いたメッセージや, 再生できる音楽, 動画や写真などはすべて「1」と「0」のデジタルで表現されている. また, それらの情報やデータを扱うためにはソフトウェアが必要不可欠である. そこで本章では, 文字や音声, 動画像がコンピュータ上では, どのようにデジタル化されているのかを見ていく. また, それらを扱うためのソフトウェアがどのような言語を使ってつくられ, なぜ動くようになるのかも見ていくこととする.

7.1　文字, 音声, 動画像などの扱い方

　本来アナログで表現されている文字や音声, 動画像は, デジタル化しなければコンピュータで扱うことはできない. しかし, むやみに「1」と「0」に変換して表現してしまうと, 情報やデータの容量が増大してしまったり, 内容が崩れて元に戻せなくなってしまったりして, 不都合が生じる. そこで, それらの情報やデータを上手に, 都合よく, 扱いやすい形にデジタル化する必要がある.

7.1.1　文字データの表現方法

　文字データは, たとえば日本語の「あ」であれば「33440」というように, 文字に番号を割り当てた**文字コード**と呼ばれるもので表現される. もちろん, コンピュータ上では「33440」という番号は「1」と「0」の2進数で表現されることになる. これだけを見ていると, 文字を番号で表現するという, いたって普通で簡単なことだと感じる. しかし, 実際は, そう簡単な話ではない.

　そもそもコンピュータは, アメリカを中心に開発されたものである. そのため, コンピュータで扱う文字は, アルファベットだけで十分であった. 通常, アルファベットでは大文字と小文字, その他の記号をあわせても100文

字にも満たない種類しか使用することはない．これぐらいであれば，1バイトにも満たない7ビット（$2^7 = 128$ 通り）で十分表現が可能である．これが **ASCIIコード** と呼ばれるものである．表7.1 に，この ASCII コードと半角のカタカナまで表現した **JIS8単位コード** を示す．たとえば，半角英数字の「A」は，ASCII コード（b7～b1）では「1000001」，JIS8 単位コード（b8～b1）では，「01000001」となる．

表7.1 ASCII コードおよび JIS8 単位コード

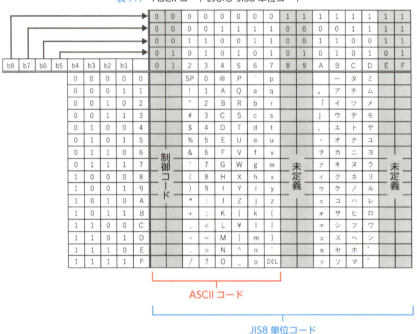

ところが，発音のアクセントもアルファベットと同時に表現するヨーロッパ圏の言語や，漢字やひらがななども使用する日本をはじめとするアジア圏の言語などは，到底この文字コードではすべてを表現できず，対応できない．そこで，各国で，自分たちの言語を表現するための文字コードの開発が行われることとなった．特に，漢字を表現しようとすると，その文字の種類は膨大であり，2バイトで表現する文字コードを開発する必要があった．1バイトでは高々256文字しか表現できないが，2バイトにすれば65,536文字まで表現可能となる．表7.2 の **JIS漢字コード** のような2バイトコードの登場は，

表 7.2　JIS 漢字コード（一部）

第2バイト／第1バイト

第1バイト	21	22	23	24	25	26	27	28	29	2A	2B	2C	2D	2E	2F	30	31	32	33	34	35	36	37	38	39	3A	3B	3C	3D	3E	3F	40
21	SP	、	。	，	．	・	：	；	？	！	゛	゜	´	｀	¨	＾	￣	＿	ヽ	ヾ	ゝ	ゞ	〃	仝	々	〆	〇	ー	―	‐	／	＼
22	◆	□	■	△	▲	▽	▼	※	〒	→	←	↑	↓	〓												∈	∋	⊆	⊇	⊂	⊃	∪
23																0	1	2	3	4	5	6	7	8	9							
24	ぁ	あ	ぃ	い	ぅ	う	ぇ	え	ぉ	お	か	が	き	ぎ	く	ぐ	け	げ	こ	ご	さ	ざ	し	じ	す	ず	せ	ぜ	そ	ぞ	た	だ
25	ァ	ア	ィ	イ	ゥ	ウ	ェ	エ	ォ	オ	カ	ガ	キ	ギ	ク	グ	ケ	ゲ	コ	ゴ	サ	ザ	シ	ジ	ス	ズ	セ	ゼ	ソ	ゾ	タ	ダ
26	Α	Β	Γ	Δ	Ε	Ζ	Η	Θ	Ι	Κ	Λ	Μ	Ν	Ξ	Ο	Π	Ρ	Σ	Τ	Υ	Φ	Χ	Ψ	Ω								
27	А	Б	В	Г	Д	Е	Ё	Ж	З	И	Й	К	Л	М	Н	О	П	Р	С	Т	У	Ф	Х	Ц	Ч	Ш	Щ	Ъ	Ы	Ь	Э	Ю
28	─	│	┌	┐	┘	└	├	┬	┤	┴	┼	━	┃	┏	┓	┛	┗	┣	┳	┫	┻	╋	┠	┯	┨	┷	┿	┝	┰	┥	┸	╂
29																																
2A																																
2B																																
2C																																
2D																																
2E																																
2F																																
30	亜	唖	娃	阿	哀	愛	挨	姶	逢	葵	茜	穐	悪	握	渥	旭	葦	芦	鯵	梓	圧	斡	扱	宛	姐	虻	飴	絢	綾	鮎	或	粟
31	院	陰	隠	韻	吋	右	宇	烏	羽	迂	雨	卯	鵜	窺	丑	碓	臼	渦	嘘	唄	欝	蔚	鰻	姥	厩	浦	瓜	閏	噂	云	運	雲
32	於	汚	甥	凹	央	奥	往	応	押	旺	横	欧	殴	王	翁	襖	鴬	鴎	黄	岡	沖	荻	億	屋	憶	臆	桶	牡	乙	俺	卸	恩
33	魁	晦	械	海	灰	界	皆	絵	芥	蟹	開	階	貝	凱	劾	外	咳	害	崖	慨	概	涯	碍	蓋	街	該	鎧	骸	浬	馨	蛙	垣
34	粥	刈	苅	瓦	乾	侃	冠	寒	刊	勘	勧	巻	喚	堪	姦	完	官	寛	干	幹	患	感	慣	憾	換	敢	柑	桓	棺	款	歓	汗
35	機	帰	毅	気	汽	畿	祈	季	稀	紀	徽	規	記	貴	起	軌	輝	飢	騎	鬼	亀	偽	儀	妓	宜	戯	技	擬	欺	犠	疑	祇
36	供	侠	僑	兇	競	共	凶	協	匡	卿	叫	喬	境	峡	強	彊	怯	恐	恭	挟	教	橋	況	狂	狭	矯	胸	脅	興	蕎	郷	鏡
37	掘	窟	沓	靴	轡	窪	熊	隈	粂	栗	繰	桑	鍬	勲	君	薫	訓	群	軍	郡	卦	袈	祁	係	傾	刑	兄	啓	圭	珪	型	契
38	検	権	牽	犬	献	研	硯	絹	県	肩	見	謙	賢	軒	遣	鍵	険	顕	験	鹸	元	原	厳	幻	弦	減	源	玄	現	絃	舷	言

日本語や中国語，韓国語などのデジタル化に大きな貢献を果たした．

　しかし，これで問題はすべて解決という単純な話ではなく，過去につくり出した文字コードとの整合性や互換性を担保する必要がある．そこで，**シフト JIS（SJIS）コード**や **EUC コード（拡張 UNIX コード）** と呼ばれるものが開発された．これは，従来の 1 バイトコードと，漢字にも対応した 2 バイトコードとを組み合わせたものである．なお，シフト JIS コードでは日本の 1 バイトコードである JIS X 0201 と 2 バイトの漢字コードである JIS X 0208 とを，EUC コードでは ASCII コードと JIS X 0208 を組み合わせている．表 7.3 に文字コードの規格と規定するおもな文字種をまとめた．

　シフト JIS コードや EUC コードは，日本語の文字コードとして一世を風靡したが，すべての文字を収録できたわけではない．また，国際化の波が押し寄せ，図 7.1 のように，これまで国や地域に応じてつくられて使われてきた独自の文字コードを 1 つにまとめて，国際的に統一した文字コードを新たにつくりたいという風潮になった．

第7章 コンピュータと人が接するところ ソフトウェア

表7.3 おもな文字コードの種類

規格	文字数	規定するおもな文字種
ASCII（ISO/IEC 646）	94	英語で使用する文字と記号
ISO/IEC 8859	256	ヨーロッパで使用する文字と記号
ISO/IEC 10646	約13万	世界中の文字と記号
JIS X 0201	157	英数文字と1バイトカタカナ（半角カタカナ）
JIS X 0208	6,879	漢字，ひらがな，カタカナ，英数文字，記号
JIS X 0212	6,067	JIS X 0208にない漢字，記号
JIS X 0213	11,233	JIS X 0208の文字に，漢字，記号を追加
JIS X 0221	約3万6千	ISO 10646のサブセット
Unicode	約110万（可能）	世界中の文字と記号

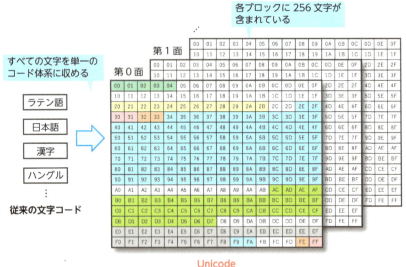

図7.1 文字コードの国際的な統一化

7.1 文字，音声，動画像などの扱い方

そこで開発された文字コードが業界標準規格の **Unicode** である．国際標準規格の ISO/IEC 10646 とおおむね互換性があり，互いに同期するように更新されている．さらに，Unicode の中でも **UTF–8** や **UTF–16**，**UTF–32** などさまざまな文字コードがつくられて使われているのが現状である．

コンピュータを使っていて，たとえば，インターネットでウェブサイトを閲覧していたり，Mac でつくったファイルを Windows で開いたりしたときに，変な文字列になって読めなくなってしまった経験はないだろうか．通称**文字化け**というこの現象は，文字コード表が間違って使われ，文字の符号を誤って解釈してしまったせいで起こる現象である．また，ソフトウェアをつくる際には，さまざまなデータを扱うことになるが，特に文字を扱うアプリケーションをつくるときには，この文字コードという概念をよく知っておく必要がある．適切に対処しなければ，ソフトウェアに想定外のバグを生んでしまったり，また，そもそもソフトウェアをつくるために書いているプログラムのコード自体が文字化けで読めなくなってしまったりすることもあるので注意が必要である．

このように，コンピュータ上では文字コードを使って文字を表現することになるが，その文字を使って記録した文章データには，表 7.4 に示す文章データ形式が汎用的に扱われることが多い．たとえば，Microsoft 社製の表計算ソ

▎Column

過去と未来のために

　新しく物事をつくる際には，過去の物事を一切合切忘れて捨て去るという考え方もあるが，できる限り過去の物事の上位互換性をもたせて，新しい物事を提案して進めるほうが得策かと思われる．一度つくったものや使ったものは，いつまでもどこかに残り続けることになるのが一般的であるからである．また，普及すればするほど，すべてを 0 に戻して 1 から構築することは難しくなる．じつは，つくり出すより，それをやめたり，変更したりするほうが難しいのである．ぜひ，新しいことを提案し，世の中に出す際には一度立ち止まり，本当に過去にも未来にも悪影響を及ぼさないのかを考えてみてから進めてほしい．

表7.4 おもな文章データ形式

形式	特徴
TXT	文字情報だけで構成されるデータ（プレーンテキスト）形式．書式設定がないテキスト情報であるため，文書の体裁や画像などのマルチメディアデータを扱うことはできない．
CSV	TXT形式の一種で，レコードを扱う場合に使用するデータ形式．表形式のデータを保存するのに適しており，項目の区切りをカンマで表現する．
PDF	電子文書の標準的なデータ形式で，国際標準規格（ISO 32000-2）で標準化されている．印刷や配布に適しており，電子書籍や電子マニュアルなど，広範囲に利用されている．

図7.2 CSV形式

フトExcelでは，その機能（計算式や表のレイアウト，デザインなど）を十分に発揮させようとすると「.xlsx」や「.xlsm」などといった拡張子でファイルを保存する必要がある．しかし，単にその表に書かれたデータだけを保存したいのであれば，表7.4のCSV形式を利用することもできる．その場合，図7.2のように項目ごとのデータをカンマで区切り，表の構造を崩すことなく記録することができる．

7.1.2 音声データの表現方法

アナログの音声データをデジタル化する際には，**PCM**（pulse code modulation：**パルス符号変調**）という手法が用いられることが多い．処理手順としては，図7.3に示すように，元の音声信号（波形）を**標本化**した後，**量子化**を経て，符号に変換する．なお，符号化された情報を元に戻すことを**復号**と呼ぶ．

サンプリング（**標本化**）では，一定周期ごとに波形の値を取得する．この一定の周期のことを**サンプリング周期**（**標本化周期**）と呼ぶ．また，一定の

7.1 文字，音声，動画像などの扱い方

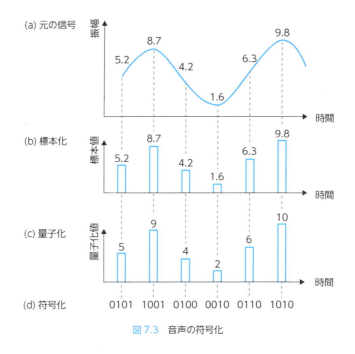

図 7.3 音声の符号化

周期の逆数，たとえば，1秒間に値を何回取得するのかというサンプリング回数が**サンプリング周波数（標本化周波数）**となる．

　もちろん，サンプリング周波数を上げて，たくさんサンプリングしたほうが詳細に値をとることができるので良いが，その分データ量は大きくなってしまう．だからといって，サンプリング数を減らせばよいかというとそういうわけでもない．PCMで符号化されたデータは，そのまま何もしないで保存しておくわけではない．音声データなので，その後再生して，実際に耳で聴くことになる．そのとき，飛び飛びに取得された値を滑らかに補完しながら曲線を描いて，それを再生することで元の音声として聞こえるようになるのである．しかし，図7.3でサンプリング点を1つ飛ばしに先頭からサンプリングした場合，「5.2」，「4.2」，「6.3」となり，それを滑らかにつなぐと，ほぼ直線のような波形になることがわかる．つまり，何も考えずに適当に値を取得してしまうと，正しく元の波形に戻すことができなくなってしまうのである．

93

第**7**章　コンピュータと人が接するところ ソフトウェア

そこで，必要最小限にサンプリングをするための基準がつくられている．それを**シャノンの標本化定理**と呼ぶ．この定理では，元の波形に戻せるようにサンプリングするためには，サンプリング周波数を元の信号の最高周波数の2倍以上にする必要があるとされている．どういうことかというと，元の波形で最も振幅変動の激しい部分，たとえば，1秒間での振幅変動の回数（周波数）が最も多い部分の波形も元に戻したいので，その部分の周波数の2倍以上でサンプリングしなければ，その激しい振幅変動を再現できないということである．この条件を満たすようにサンプリングを行えば，最も少ないデータ量で，きれいな音声をデジタルで記録することができる．

なお，CDのサンプリング周波数は，人間が聞き取れるとされる最高周波数が20 kHzであることから，その最高周波数の2倍以上の44.1 kHzで設定されている．また，従来の電話で通話する際の音声では，日常人間がしゃべるときに発せられることが多いとされる3.4 kHzの2倍以上である8 kHzをサンプリング周波数に設定している．

続いて，量子化では，標本化した値を近似する．つまり，「1」と「0」への符号化に都合が良いようにあらかじめ決められている有限個のレベルに値を丸める処理を行う．図 (c) の場合は，小数点以下を四捨五入することで値を整数にしている．このように，量子化（近似）をする際には，必ず誤差が発生してしまう．この誤差のことを**量子化雑音（量子化ひずみ）**と呼ぶ．

よく「デジタル化しているので音が良い」と聞くことがあるが，それには嘘が混じっている．なぜなら，ここで説明したように，アナログの音声データをデジタル化する際には，必ず量子化雑音が混入してしまうため，完全に元の音声に戻すことは不可能なのである．でも，私たちは，便利だからアナログの音声データをデジタル化して利用しているし，量子化雑音が混入していることに気づくことは一般的にはない．ポイントは，データ容量を減らすことだけを考えるのではなく，人が利用することを想定し，サンプリング周波数を適切に設定するとともに，しっかり量子化することである．これにより，人間の耳には感じられないほど精巧に，元の音声データに戻せるようにしている．

最後に**符号化**として，量子化された値を「1」と「0」のビットに変換することで，音声データを符号にしている．このとき，使用するビットの桁数を**符号化ビット数（量子化ビット数）**と呼ぶ．符号化ビット数はあらかじめ決

められているため，量子化する際には「あらかじめ決められている有限個のレベルに値を丸める処理」を行うこととなるのである．表 7.5 に音声データのおもな形式を示す．

表 7.5 おもな音声データの形式と特徴・用途

形式	圧縮方式	特徴・用途
WAV	非圧縮	非圧縮のため高音質，Microsoft 社が開発した Windows 用の形式．音楽制作，音声編集などで使用．
AIFF	非圧縮	非圧縮のため高音質，Apple 社が開発した Mac 用の形式．音楽制作，音声編集などで使用．
MP3	非可逆圧縮	高圧縮率で音質の劣化があるが，サイズが小さい．音楽配信，ポータブルプレイヤーなどで使用．
AAC	非可逆圧縮	MP3 の後継にあたり，MP3 より若干サイズが大きいが高音質．音楽配信，ポータブルプレイヤーなどで使用．
FLAC	可逆圧縮	音質劣化なしでサイズをやや圧縮できる．音楽保存，オーディオファイルなどで使用．

7.1.3 動画像データの表現方法

画像データや動画データでも，音声データと同じように人が利用することを考えてデジタル化されていることが多い．たとえば，画像データの保存形式の 1 つである **JPEG** では，人間の視覚感度特性を利用して，間引いても目立たない部分のデータを**離散コサイン変換**（discrete cosine transform：**DCT**）と量子化を用いて省略し，**ハフマン符号化**によりデータを圧縮している．このように，圧縮と引き換えに完全には元のデータに戻せない圧縮符号化の変換方法を**非可逆方式**と呼ぶ．表 7.6 に画像データのおもな形式を示す．

また，動画データで用いられる **MPEG** 形式でも，人間の視覚感度特性を利用して，動いている部分のデータのみを記憶したり，コマ落としたりすることでデータを省略し，都合よくデジタル化している．表 7.7 に動画データのおもな形式を示す．

第7章　コンピュータと人が接するところ　ソフトウェア

表7.6　おもな画像データの形式と特徴・用途

形式	圧縮方式	特徴・用途
GIF	可逆圧縮	256色までの表現でサイズが小さく，写真には適さないが，ウェブページへの利用に適している．アニメーションの表現も可能．アイコン，アニメーション画像などで使用．
JPEG	非可逆圧縮	1677万色のフルカラーを表現でき，写真に適している．高圧縮率だが保存を繰り返すと画質が劣化する．写真，ウェブ画像などで使用．
BMP	非圧縮	Windowsで標準の形式で高画質．画像編集・保存などで使用．
PNG	可逆圧縮	1677万色のフルカラーを表現でき，写真に適している．ハフマン符号などを利用した可逆圧縮．ウェブ画像，アイコン，グラフィックスなどで使用．
TIFF	可逆圧縮 / 非圧縮	非圧縮で高画質．解像度や色数，符号化方式をタグにより保存可能で，これにより可逆圧縮もサポート．画像編集・印刷などで使用．
WebP	非可逆圧縮 / 可逆圧縮	Googleが開発した形式で，JPEGやPNGよりも高圧縮率．ウェブ画像などで使用．
SVG	非圧縮	ベクター形式（図形や文字を数式やデータで表現）のため，拡大縮小でも劣化しない．テキスト形式で構造化されたXMLベースで記述される．イラスト，アイコンなどで使用．
HEIF/ HEIC	非可逆圧縮 / 可逆圧縮	iOS 11以降のiPhone写真撮影のデフォルト形式，高画質のまま高圧縮可能．写真，モバイルデバイスなどで使用．
RAW	非圧縮	カメラのセンサーが受け取ったそのままのデータ．プロフェッショナルな写真編集などで使用．

表7.7　おもな動画データの形式と特徴・用途

形式	圧縮方式	特徴・用途
MPEG–1	非可逆圧縮	CD-Rへの記録用，初期のデジタルビデオ圧縮標準．
MPEG–2	非可逆圧縮	DVDやテレビ放送用の標準形式．
MPEG–4	非可逆圧縮	高圧縮率，広範なデバイスでサポート．ストリーミング，デジタルメディアプレイヤーなどで使用．
H.264 （MPEG–4 AVC）	非可逆圧縮	高圧縮率，高画質，広範なデバイスでサポートされている．Blu-ray，ストリーミング，ビデオカメラなどで使用．
H.265 （HEIV）	非可逆圧縮	H.264よりも高圧縮率，高画質．4Kビデオ，ストリーミング，Blu-rayなどで使用．
AVI	非可逆圧縮 / 可逆圧縮	Microsoft社が開発した形式，互換性が高い．ビデオ編集，アーカイブなどで使用．

　なお，人間の視覚感度特性として，知覚しやすい色と知覚しにくい色がある．無彩色よりも有彩色，寒色系よりも暖色系のほうが注意を引きやすいといわれている．そのため，図7.4 に示すように人間が暗闇の中で見えにくい色は，黒色，茶色，青色，紫色であり，逆に見えやすい色は，黄色，白色，オレンジ色である．特に冬場の夕暮れどきなど，日が一気に落ちる時間帯では，交

7.1 文字，音声，動画像などの扱い方

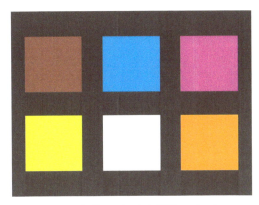

図 7.4　知覚しやすい色と知覚しにくい色

通事故に遭わないように，このような配色をファッションに取り入れることも効果的であると考えられる．

また，色は人の奥行き感や距離の判断に影響を与えることがあり，図 7.5 に示すように暖色系の色は実際よりも飛び出して見える進出色，寒色系の色は引っ込んで見える後退色と呼ばれている．一般に無彩色よりも有彩色が進出して見え，背景が明るい場合は暗いほど，背景が暗ければ明るいほど進出して見える．

さらに，色は人が大きさを判断する際に影響を与えることが知られており，赤色や黄色など暖色系の色および白色は実寸より物が大きく近くに見える膨張色と呼ばれる．他方，青色や黒色などの寒色系の色は実寸より物が小さく遠くに見える収縮色と呼ばれる．

色は，年齢にも関係があり，赤ん坊は赤色を強く認識したり，老人性白内

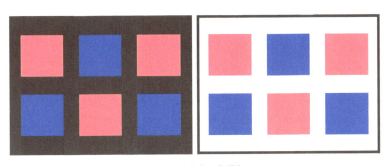

図 7.5　進出色と後退色

97

障になると水晶体が黄色く濁り，波長の短い青色や緑色系統の色は黒っぽく見えるようになったりする．このため，高齢の方はガスコンロの青い炎が見えにくく，火傷や火事を起こしやすいともいわれている．身の回りにこのような方がおられる場合は，注意をしてあげてほしいし，いつかは自分もこのような症状を発するようになるため，その際には十分に注意してほしい．

このように，自分はちゃんと見ていると思っていても，じつはちゃんと認識できていないことが起こっているのである．それを**錯視**といい，この現象を利用してつくられた画像の例が図 7.6 である．動いていない静止画であるが，ずっと見ているとなんだかぐるぐると動いているように見えてくる．これは，暖色系である黄色が膨張し，寒色系である青色が収縮して見えることなどから，まるで動いているかのように見えるのである．目にはちゃんとこの画像が止まって映っているのだが，その色を処理する脳が混乱してしまい，違ったように認識してしまうことでこのような現象が生じるのである．このような錯視を利用して，実際に交通渋滞を緩和する試みや液晶テレビの画像を綺麗に映す技術などが開発されている．人間はいい意味で適当に，いい加減に物事を捉え，理解し，行動していることがわかっていただけるかと思う．

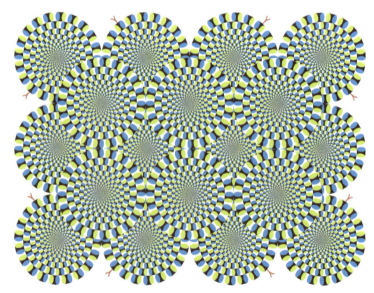

図 7.6 錯視を利用してつくられた画像「蛇の回転」
Copyright Akiyoshi Kitaoka 2003 (September 2)

7.1 文字，音声，動画像などの扱い方

7.1.4 マルチメディアの応用

文字や音声，動画像など，情報を表現するにはさまざまな方法があるが，それらをまとめて扱うものを**マルチメディア**と呼ぶ．近年では，コンピュー

表 7.8 マルチメディアの応用例

種類	特徴・用途
CG	リアルな 3D モデルやシーンの画像・アニメーションを生成・操作する技術．映画，広告，ゲーム，建築デザインなどで使用．
CAD (computer-aided design)	精密な図面やモデルの作成が可能で，設計や製図を行うシステム．建築，エンジニアリング，製造業などで使用．
シミュレーター	実際の環境や状況を模擬的に再現する．訓練や研究に使用され，リアルな体験を提供する．パイロット訓練，医療シミュレーション，車両シミュレーションなどで使用．
ゲーム	コンピュータやコンソールでプレイするインタラクティブなエンターテイメント．グラフィックス，音楽，ストーリーなどが統合されている．家庭用ゲーム機，スマートフォンゲーム，PC ゲームなどで使用．
AR（augmented reality，拡張現実）	現実世界にデジタル情報を重ね合わせる技術．リアルタイムでのインタラクションが可能．スマートフォンアプリ，教育ツール，観光ガイドなどで使用．
VR（virtual reality，仮想現実）	仮想環境にユーザを没入させる技術．視覚，聴覚，触覚などの感覚を刺激してリアルな体験を提供する．ゲーム，トレーニングシミュレーション，バーチャルツアーなどで使用．
MR（mixed reality，複合現実）	現実世界と仮想世界を融合させ，ユーザが両方とインタラクションできる技術．現実と仮想がシームレスに統合されている．エンターテイメント，設計レビュー，教育などで使用．
メタバース	インターネット上の仮想空間で，ユーザがアバターを通じて活動する世界．ソーシャルインタラクション，経済活動，エンターテイメントが行われる．バーチャルワールド，オンラインゲーム，仮想イベントなどで使用．
ビデオオンデマンド (video on demand：VOD)	ユーザが好きな時にビデオコンテンツをストリーミングで視聴できるサービス．映画やドラマを時間や場所に縛られず楽しめる．おもなサービスとして，Netflix，Amazon Prime Video，U−Next，Hulu など．
3 次元映像	視覚的に奥行きや立体感を感じることができる映像技術．特別なメガネやディスプレイを使用して観賞する．3D 映画，3D テレビ，3D ゲームなどで使用．
ホログラム	光の干渉を利用して立体像を記録・再生する技術．特定の角度から見ると物体が浮かんでいるように見える．展示会，プレゼンテーション，エンターテイメントなどで使用．
モーションキャプチャ	人間の動きをセンサーやカメラで捉え，そのデータをアニメーションに反映させる技術．リアルなキャラクター動作を再現可能．映画制作，ゲーム開発，トレーニングなどで使用．
バーチャルサラウンド	複数のスピーカーやヘッドホンを使用して，立体的な音場を再現する技術．臨場感のある音響体験を提供する．ホームシアター，ゲーム，音楽鑑賞などで使用．

タによって動画像の作成や合成などを行う**コンピュータグラフィックス**（computer graphics：**CG**）の技術が**AI**（artificial intelligence：**人工知能**）の導入により，飛躍的に向上している．2次元平面上に描写する**2DCG**や3次元空間を再現する**3DCG**など，ゲームの世界だけではなく，さまざまな分野で利用されるようになってきている．その他のマルチメディアの応用例を表7.8に示す．

今後，ますますマルチメディア化されていき，リアルな実空間とバーチャルな空間がシームレスにつながり，その境があいまいとなる**サイバーフィジカルシステム**や**デジタルツイン**と呼ばれる世界の実現に向かっている．サイバーフィジカルシステムとは，現実の物理的な世界（フィジカル空間）とコンピュータ上の世界（サイバー空間）とをネットワークで接続し，フィジカル空間で収集したデータをサイバー空間に取り込み，分析や解析などを行うシステムである．また，デジタルツインとは，サイバー空間上にフィジカル空間のさまざまな要素をデジタルデータとして再現する技術である．

7.2 プログラミングに使用する言語の種類

文字データや音声データ，動画像データをコンピュータ上で扱うためには，ソフトウェアが必要不可欠である．では，そのソフトウェアはどのような言語を使ってつくられているのだろうか．図7.7に示すように，ソフトウェアを記述する**プログラミング言語**は大きく分けて2種類存在し，1つが**低水準**

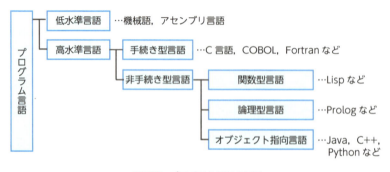

図7.7　プログラム言語の種類

言語，もう１つが**高水準言語**と呼ばれるものになる．また，高水準言語はさらに**手続き型言語**と**非手続き型言語**とに分けられる．

　一般に，「プログラムを勉強する」としたときに扱われるものは高水準言語であると思われる．これは，私たちが普段利用している言葉である自然言語に近い形でプログラムやアルゴリズムを記述できるようになっている．そのため，単語を覚えたり，文法を理解したりする必要はあるが，比較的覚えやすいユーザフレンドリなプログラミング言語であると理解してほしい．また，高水準言語には，**C 言語**に代表される処理の手順をアルゴリズムとして記述していく手続き型言語や，**Java** や **C++**，**Python** などの部品をつなげるように組み立て，アルゴリズムを意識せずに記述できる非手続き型言語（**オブジェクト指向言語**）がある．表 7.9 におもなプログラム言語を示す．

　このようにプログラミング言語には，さまざまなものが存在している．では，なぜそんなに多くの種類のプログラミング言語が必要なのか．それは，言語ごとに得意と不得意があるからである．たとえば，自然言語（普段私たちがコミュニケーションをとる際に使っている言葉）には，その言語が使われている国や地域の文化や風習などが色濃く表れ，国民としての１つのアイデンティティでもある．たとえば，日本は水に恵まれた環境であるため，日本語には，水に関する言葉が多く存在する．「お湯」や「白湯」，「熱湯」は温度が，「五月雨」や「時雨」，「霙」は雨の量や形状が微妙に異なることを表現している．これを英語で表現しようとすると，そもそもこれらを表現する単語がなく，また，この微妙な違いを感じることすら難しいため長々と説明するほかなく，なかなか難しい問題である．

　これと同じようなことが，人が１からつくり出した人工言語であるプログラミング言語にもいえる．使用する単語や文法は人工的につくり出されているためあいまい性や例外は存在しないが，そもそも表現しやすいことや扱いにくいものなどは存在してしまう．そのため，この言語でなければ絶対につくれないといったことは起こりえないが，用途に合わせてプログラミング言語を使い分けるほうが得策といえるだろう．

　また，これらとは異なる視点では，表 7.10 に示すような**マークアップ言語**と呼ばれるものもある．**タグ**と呼ばれる記号で段落や文字のフォントなどを指定することができ，ウェブサイトの作成などでよく利用される．

第**7**章 コンピュータと人が接するところ ソフトウェア

表7.9 おもなプログラミング言語の特徴・用途

分類	言語	特徴・用途
手続き型言語	Fortran	数値計算に強く，科学技術計算やシミュレーションで広く使用．大規模な数値データ処理に適している．
	COBOL	ビジネス用途向けで，データ処理に強い．事務処理システム，銀行システムなどで使用され，トランザクション処理に最適化されている．
	Pascal	教育用に設計され，構造化プログラミング（プログラムの可読性や保守性を高めるために，明確な制御構造を使用する手法）を重視．プログラミング教育，アプリケーション開発などで使用．
	BASIC	シンプルな文法で初心者向け．教育や簡易プログラムの作成などで使用．
	C言語	汎用プログラミング言語，ハードウェアに近い操作（メモリの直接管理やポインタの使用など）が可能．システムプログラム，組み込みシステムなどで使用され，オペレーティングシステムの開発に広く利用される．
	R	統計分析，データ可視化に特化しており，データ分析や統計モデリングなどで使用．
関数型言語	Haskell	純粋な関数型プログラミングで，遅延評価（必要になるまで評価を遅らせる）が特徴．学術研究やシステム開発などで使用．
	Lisp	リスト処理に強い．AI研究や学術研究などで使用．
	Scala	Javaと互換性があり，関数型とオブジェクト指向を併用．大規模アプリケーション開発やデータ処理などで使用．
論理型言語	Prolog	論理プログラミングで，知識表現と推論に強い．AI，自然言語処理などで使用．
オブジェクト指向言語	Java	クラスベースのオブジェクト指向で，プラットフォームに依存しない．企業の業務に必要な機能を提供するために設計された大規模なアプリケーションや，Androidアプリなどで使用．
	C++	C言語を拡張したもので，高パフォーマンスを求める開発に適している．クラスとオブジェクトをサポート．ゲーム開発やシステムプログラムなどで使用．
	Python	シンプルで読みやすい文法で，強力で豊富な標準ライブラリがある．ウェブ開発，データ分析，AIなどで広く使用．
	Julia	高性能な数値計算に特化しており，科学技術計算やデータ分析に適している．高速な実行速度を実現．
	C#	Microsoft社が開発．.NETフレームワークと連携が強力で，アプリケーション開発を効率化する多機能なIDE（統合開発環境）がサポートされている．Windowsアプリケーションやゲーム開発（Unity）などで使用．
	Ruby	シンプルで直感的な文法をもち，柔軟なオブジェクトモデル．ウェブ開発（Ruby on Rails）などで使用．
	Swift	Apple社が開発．iOS/MacOS開発に最適化されている．iOSアプリやMacOSアプリなどで使用．
	PHP	オブジェクト指向のサポートがあり，サーバサイドスクリプトやウェブ開発などで使用．
	Smalltalk	純粋なオブジェクト指向．教育，研究，ソフトウェア開発ツールなどで使用．

102

7.3 プログラミング言語をコンピュータが理解しやすいように変換するしくみ

表 7.9 （続き）

分類	言語	特徴・用途
（スクリプト言語）	ECMAScript	JavaScript の標準で，ウェブブラウザで動作する．ウェブ開発やフロントエンドなどで使用．
	Perl	テキスト処理に強く，豊富なライブラリがある．システム管理やウェブ開発，テキスト処理などで使用．
	Go	Google 社が開発．並行処理とシンプルな文法をもつ．サーバサイド開発やシステムプログラミングなどで使用．

表 7.10 おもなマークアップ言語

言語	特徴・用途
HTML	HyperText Markup Language．ウェブページの作成，文書の構造定義に使用．開始タグと終了タグを使用して，各要素の装飾（文字の大きさや色など）が定義できる．DTD (document type definition) に基づいて文書の形式（文書の種類を示すルール）を規定．SGML (Standard Generalized Markup Language，標準一般化マーク付け言語）から派生．
HTML5	HTML の 5 回目の改訂バージョン．新しい要素や API を追加し，マルチメディアやインタラクティブな機能を強化．従来の DTD を廃止し，より柔軟な文書記述が可能．
CSS	Cascading Style Sheets．HTML や XML 文書のスタイルを定義するための言語．文書のレイアウト，フォント，色などを指定．
XML	eXtensible Markup Language．DOM (Document Object Model) や SAX (Simple API for XML) を使用してデータを操作．SOAP (Simple Object Access Protocol) や SVG (Scalable Vector Graphics) で利用．XML Schema によりデータの構造を定義．
XSL	eXtensible Stylesheet Language．XML 文書の変換やスタイリングに使用される言語．XSLT (XSL Transformations) を使用して XML データを他の形式に変換可能．
XHTML	eXtensible HTML．ウェブページの作成，モジュール化された文書構造に使われる．HTML と XML の特徴を融合．XHTML Basic や XHTML Modularization によりモジュール化された記述が可能．XML の厳密な文法ルールに従う．

7.3 プログラミング言語をコンピュータが理解しやすいように変換するしくみ

　図 7.7 で示したように，プログラミング言語には前節で説明した高水準言語のほかにもう 1 つ，低水準言語と呼ばれるものがある．**機械語**や**アセンブリ言語**がこれにあたり，じつは，コンピュータが直接理解できる言語は機械語だけである．

　高水準言語は，人間が理解しやすいように，かなり自然言語に近いものと

103

なっている．一方，低水準言語は，コンピュータが理解しやすいように構成されているため，人間から見れば非常に理解しにくく厄介である．イメージとしては，第6章で扱ったコンピュータで行う仕事には，人間側から見たジョブとコンピュータ側から見たタスクとで違いがあることとよく似ている．高水準言語では複数の処理を1つにまとめて指示し，低水準言語では細かく処理を指示するイメージである．

そのため，低水準言語を人間が直接記述することは，可能か不可能かといわれれば可能ではあるが，かなり困難を極める．そこで人間は，人間が理解しやすい高水準言語でプログラムを記述し，プログラムを実行するときにコンピュータが理解しやすい低水準言語に翻訳することにした．つまり，高水準言語を低水準言語に変換してプログラムを動かすこととなる．図7.8に，その流れを示す．

高水準言語やアセンブリ言語で書かれた**ソースプログラム（原始プログラム）**は，**言語プロセッサ**と呼ばれるいわゆる翻訳機により，機械語で書かれた**目的プログラム**に変換される．その後，**リンカ**により，ほかに必要となる別の目的プログラムと組み合わされ，実際にコンピュータ上で正常に稼働するプログラムである**ロードモジュール**が生成される．表7.11に言語プロセッサの種類を示す．

言語プロセッサとしては，アセンブリ言語には**アセンブラ**が，C言語やJavaなどには**コンパイラ**，Pythonでは**インタプリタ**が利用される．高水準言語やアセンブリ言語を機械語に変換する際には，私たちが普段利用している

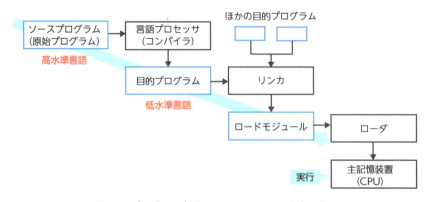

図7.8　プログラムが実行されるまでの言語の変換の流れ

7.3 プログラミング言語をコンピュータが理解しやすいように変換するしくみ

表7.11 おもな言語プロセッサ

種類	特徴
アセンブラ	アセンブリ言語を機械語に翻訳．低水準のプログラミングでハードウェア制御に適している．組み込みシステムやシステムプログラミングに使用．
インタプリタ	高水準言語を逐次実行しながら翻訳．実行速度は遅いが，デバッグが容易．Python，Ruby，JavaScriptなどのプログラム実行に使用．
リンカ	複数のオブジェクトファイルを結合し，実行可能なプログラムを生成．外部ライブラリとのリンクを管理．大規模プログラムの構築やライブラリ管理に使用．
ローダ	実行可能なプログラムをメモリにロードし，実行開始アドレスを設定．プログラムの実行開始やメモリ管理に使用．
コンパイラ	高水準言語を機械語に翻訳．実行前に全体を変換し，実行速度が速い．C言語やC++，Javaなどのプログラム実行に使用．
実行時コンパイラ	JITコンパイラ（just-in-time compiler）．プログラムの実行時にコンパイルを行い，実行速度を向上させる．Javaや.NETなどの仮想マシンに使用．
クロスコンパイラ	あるプラットフォーム用のソフトウェアを異なるプラットフォーム上でコンパイルする．組み込みシステムの開発や異なる環境間の開発に使用．
プリプロセッサ	ソースコードの前処理を行う．マクロ展開やファイルインクルード，条件付きコンパイルなどを処理．C言語やC++のソースコード前処理に使用．
パーサ	ソースコードを解析し，構文木を生成．プログラムの構文構造を理解．コンパイラやインタプリタの解析フェーズに使用．

自然言語を翻訳する過程と同じ処理を行っている．たとえば，コンパイラの処理手順を図7.9に示す．

まず，どのような単語が使われてソースプログラムがつくられているかを調べ（**字句解析**），それらがどのような文法構造をとっているのか（**構文解析**），また，どのような意味なのか（**意味解析**）を経て，無駄な処理の削除やプログラムのサイズ，処理時間などのプログラムとしての**最適化**を行い，コードを生成することで目的プログラムができあがる．

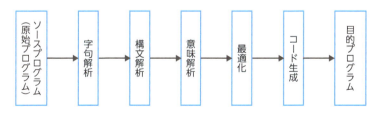

図7.9 コンパイラの処理手順

第**7**章　コンピュータと人が接するところ ソフトウェア

　自然言語における翻訳でも同じ処理を行うが，一番の違いは例外とあいまい性である．自然言語は人間が意識してつくり出したものではなく，人間の営みの中で自然発生的に生まれた産物である．若者言葉や流行語のように新しく言葉は生まれてくるし，死語といわれるような使われなくなってしまう単語も存在する．言葉は生き物なのである．そのため，言葉が生まれた後から，その言語を理解するために文法というルールをつくり，いわば無理やりそれに適用しているという背景もあり，どうしても例外やあいまい性が生まれてしまう．一方，人工言語であるプログラミング言語は，1から10まで人間がつくり出したものであるため，使う単語や文法はあらかじめきっちり決められており，その範囲の中でのみ表現することが許される．そのため，例外やあいまい性は一切存在しえない．

　自然言語を翻訳機で変換する場合，時に自分の思ったように翻訳されないことや翻訳ミスなどが発生する．そこで，コンピュータが翻訳した結果を人間が確認して修正する必要が出てくる．しかし，プログラムの変換においては，コンピュータが変換をミスすることは絶対になく，変換ができないのであれば，それはそのプログラムをつくった人間側に誤りがあるということになる．そのため，コンパイラがエラーメッセージを発するなどして，人間側に間違っていることをコンピュータが指摘する．そして，それを確認しながら，プログラムのミスを修正する**デバッグ処理**を人間が行うこととなる．

7.4　みんなでソフトウェアを使用するという考え方

　ソフトウェアのソースコードは，その作成者に著作権が発生し，知的財産となる．そのため，そのソフトウェアを使う際には，使用料が発生することが一般的である．なお，プログラムには著作権が発生するが，アルゴリズムやプログラミング言語自体には著作権は発生しないことに注意が必要である．

　しかし，使用料を徴収することなく無償でソースコードを公開し，広く利用されることを目的とした**オープンソースソフトウェア**（open source software：**OSS**）という考え方やしくみが普及し出している．ソフトウェアの作成者に発生する知的財産権を作成者に保持したまま，無料で利用できる

だけではなく，改変や再配布も自由に許されている．なお，オープンソースソフトウェアとするためには，オープンソースイニシアティブが策定した以下に示すオープンソースの定義を満たす必要がある．

① 自由な再頒布ができること
② ソースコードを入手できること
③ 派生物が存在でき，派生物に同じライセンスを適用できること
④ 差分情報の配布を認める場合には，同一性の保持を要求してもかまわないこと
⑤ 個人やグループを差別しないこと
⑥ 適用領域に基づいた差別をしないこと
⑦ 再配布において追加ライセンスを必要としないこと
⑧ 特定製品に依存しないこと
⑨ 同じ媒体で配布される他のソフトウェアを制限しないこと
⑩ 技術的な中立を保っていること

章末問題

7.1 リンカについて説明しなさい．

7.2 コンパイラにおける最適化について説明しなさい．

7.3 1秒間に11,000回の頻度で，8ビットのデータとしてサンプリングを行った結果，512×10^6 バイトとなった．このとき，音声の長さは約何分になるかを求めなさい．

7.4 ワンセグ放送で使用されている動画圧縮技術の名称を答えなさい．

<table>
<tr><td style="border:none;"></td><td style="border:none;">第</td></tr>
<tr><td style="border:none;"></td><td style="border:none;">8</td></tr>
<tr><td style="border:none;"></td><td style="border:none;">章</td></tr>
</table>

データを蓄えて
利活用するためのしくみ
データベース

　コンピュータで扱うデータはどんどん大きくなってきている．特に，AI を構築する際には，データの質と量にその良し悪しが左右される．うまく整理して保存しておかなければ，使いにくくて使いこなせないなどといったこととなり，せっかくのデータも宝のもち腐れになってしまう．そこで本章では，データを蓄積する際に使用するデータベースについて，その考え方と整理の仕方，そして，その活用方法について説明したいと思う．

8.1　データを蓄えるしくみ

　データを整理して保存すると聞くと，たとえば，Microsoft 社製の Excel などを思い浮かべる人が多いのではないかと思う．図 8.1 のように，横方向と縦方向にデータを**表（テーブル）**として並べて保存する方法である．この場合，横方向には学籍番号と氏名，科目，成績の項目が並び，縦方向には各項目に対応する具体的なデータが収録されている．このように，表にデータを整理することで，個々のデータ間の関係性を表現することができ，意味のある情報として保存することができる．なお，横方向を**行（レコード，ロー）**，縦方

図 8.1　表（テーブル）の構造

向を**列**（**フィールド**，**カラム**）と呼ぶ．ただし，列をカラムと呼ぶ場合，レコードとカラムが交わる一つひとつのデータの保存場所である（Excel でいうところの）**セル**を，フィールドと表現することもある．

このように表としてデータを整理して保存すれば，手軽にデータを検索することができるようになる．しかし，1 つの表だけですべてのデータをうまく収録できるわけではない．レコード数が増えたり，カラムの項目が多くなったりした場合には，図 8.2 のように，1 つの表を複数の表に分割して表現したほうが，より効率が良い場合がある．

ただし，注意も必要である．たとえば，ある表の 1 か所のデータを変更すると，それと同じ内容を記している別の表の箇所も同じように変更する必要が生じるのである．そこで，考えられたのが，**データベース**である．

成績表

学籍番号	氏名	科目	成績
101	鈴木	数学	90
102	松本	数学	61
201	柘植	国語	73

「数学」成績表

氏名	成績
鈴木	90
松本	55

1 か所変更

同じ内容を記した別の表も変更する必要がある

図 8.2　表の分割と管理

8.2　データを効率よく保存する方法

データベースでは，表どうしの間に関係性をもたせ，それらの表の間でデータに不整合が生じないように管理する．データベースの設計の流れを図 8.3 に示す．

まず，実際に扱う実世界データを分析し，データがもっている意味や関係性を壊すことなく収録できる抽象化したデータ構造を考える．これが**概念設計**であり，データの構造を表現するために **ER 図**というものが用いられる．図8.4 に，実際に扱う実世界データから概念設計を行い，ER 図になる過程のイメージを示す．

第 8 章　データを蓄えて利活用するためのしくみ データベース

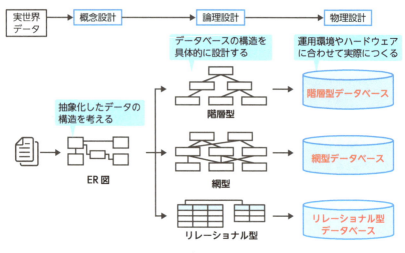

図 8.3　データベース設計

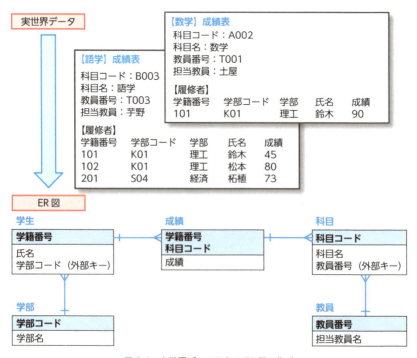

図 8.4　実世界データからの ER 図の作成

8.2 データを効率よく保存する方法

このER図をもとに，実際のデータベースの構造を具体的に設計する．これが**論理設計**である．データベースの構造としては，図8.3に示すように，階層型，網型，リレーショナル型などがあるが（表8.1），現在では，ほとんどのケースで**リレーショナル型データベース（関係型データベース，RDB（relational database））** が採用されている．論理設計ができれば，あとは実際にそれをつくり，動かす**物理設計**を行うこととなる．

表8.1 おもなデータベースの種類

種類	特徴・用途
リレーショナル型データベース	関係型データベース（RDB）．テーブル構造でデータを管理し，SQLによる操作が可能．ビジネスアプリケーションやERPシステムで広く利用される．
階層型データベース	HDB（hierarchical database）．ツリー構造でデータを管理．メインフレームシステムや銀行システムで利用される．
網型データベース	NDB（network database）．グラフ構造でデータを管理し，複雑な関係データの管理に適している．
構造型データベース	階層型や網型など，構造化されたデータを扱う．特定の業務システムで利用される．
オブジェクト指向データベース	OODB（object oriented database）．オブジェクトとクラスを用いたデータモデル．CAD/CAMやマルチメディアアプリケーションで利用される．
XMLデータベース	XML形式でデータを保存し，XPathやXQueryで操作．ウェブサービスや設定管理で利用される．
分散データベース	複数の物理的な場所に分散してデータを管理．分散システムやクラウドコンピューティングで利用される．
ドキュメント指向データベース	JSONやBSON形式でドキュメントを保存．ウェブアプリケーションやコンテンツ管理で利用される．
列指向データベース	カラム単位でデータを格納し，データ圧縮が効率的．データウェアハウスや分析クエリで利用される．
グラフデータベース	ノードとエッジでデータを表現し，関係性を重視．ソーシャルネットワークや推薦システムで利用される．
キーバリュー型データベース	キーとバリューのペアでデータを保存するシンプルなモデル．キャッシュやセッション管理で利用される．
インメモリデータベース	データをメモリ上に保持し，高速なアクセスが可能．リアルタイム分析やトランザクション処理で利用される．

リレーショナル型データベースにデータを格納しようとする際には，1つのレコードに同じ項目が繰り返し現れていたり，データが重複・矛盾していたりすることは許されない．そのため，それらをなくしておく必要があり，これを**正規化**と呼ぶ．図8.4のER図を表形式に変換したものを表8.2に示す．

第**8**章　データを蓄えて利活用するためのしくみ データベース

表 8.2　ER 図から求めた表

学籍番号	氏名	学部コード	学部名	科目コード	科目名	教員番号	担当教員名	成績
101	鈴木	K01	理工	A002	数学	T001	土屋	90
				A006	物理	T005	渡部	87
				B003	語学	T003	芋野	45
102	松本	K01	理工	B003	語学	T003	芋野	80
201	柘植	S04	経済	B003	語学	T003	芋野	73
				B005	歴史	T010	河岡	42

図 8.4 ならびに表 8.2 は，学生と履修科目に関するものであり，さまざまな情報が複雑に収録されていることがわかる．また，表 8.2 に注目すると，1 つの学籍番号に複数の科目コードが設定されてしまっていることもわかる．このような現象は，リレーショナル型データベース内では起こってはいけない．

そこで，**第 1 正規化**という作業をすることで，この現象を解決する．具体的には，表 8.3 のように，科目コードをまとめて設定するのではなく，学籍番号と科目コードが 1 対 1 で対応するように設定する．これにより，1 つのレコードに同じ項目が繰り返し現れることはなくなる．

表 8.3　第 1 正規化後の表

学籍番号	氏名	学部コード	学部名	科目コード	科目名	教員番号	担当教員名	成績
101	鈴木	K01	理工	A002	数学	T001	土屋	90
101	鈴木	K01	理工	A006	物理	T005	渡部	87
101	鈴木	K01	理工	B003	語学	T003	芋野	45
102	松本	K01	理工	B003	語学	T003	芋野	80
201	柘植	S04	経済	B003	語学	T003	芋野	73
201	柘植	S04	経済	B005	歴史	T010	河岡	42

なお，図 8.5 のように，ある X を決めると別の Y が決まるという関係を**関数従属**と呼び，各行を識別できる主たる項目が**主キー**となる．

表 8.3 の場合，主キーは学籍番号と科目コードということになる．しかし，学籍番号のみ，あるいは科目コードのみで決まるもの（**部分関数従属**）のほかに，その両方がないと決まらないものが混在している．これを解消する（**完全関数従属**にする）作業が，図 8.6 に示す**第 2 正規化**である．

112

8.2 データを効率よく保存する方法

図 8.5 主キーと関数従属

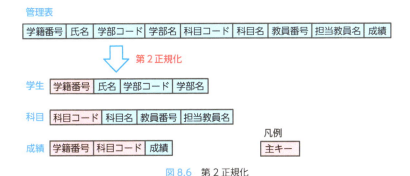

図 8.6 第 2 正規化

ここまでの第 1 正規化と第 2 正規化をしても，表 8.4 のように，主キー以外の項目でまだ重複している箇所（**推移的関数従属**）が残る場合がある．そこで，図 8.7 に示すように，これらの重複が解消されるように新たに主キーを設定し，表を分割する必要がある．これを**第 3 正規化**と呼ぶ．

表 8.4 第 2 正規化後の学生表と科目表

学生

学籍番号	氏名	学部コード	学部名
101	鈴木	K01	理工
102	松本	K01	理工
201	柘植	S04	経済

科目

科目コード	科目名	教員番号	担当教員名
A002	数学	T001	土屋
A006	物理	T005	渡部
B003	語学	T003	芋野
B005	歴史	T010	河岡

第 8 章 データを蓄えて利活用するためのしくみ データベース

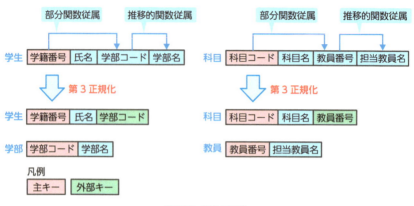

図 8.7 第 3 正規化

このように，第 1 正規化から第 3 正規化までの作業を行うことで，図 8.4 の ER 図は表 8.2 の表を経て，図 8.8 まで加工されることになる．これで，リレーショナル型データベースとして，適切に収録・管理できるようになる．

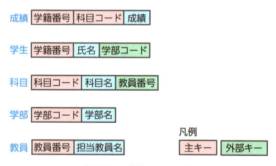

図 8.8 正規化による結果

8.3 データを利活用する方法

データベースを操作するとき，ユーザ側から見ると 1 つの処理に見えるものも，データベース側から見ると複数の処理の組み合わせであることが多い．このデータベースにおける処理の単位を**トランザクション**と呼び，表 8.5 に示す **ACID 特性**と呼ばれる 4 つの特性を保持しながら処理する必要がある．

データベースを操作する際には，数学の集合論，つまり図 8.9 に示す集合

8.3 データを利活用する方法

表 8.5 ACID 特性

特性	内容
原子性 (atomicity)	すべてのトランザクションが完了するか，まったく実行されていないかのどちらかであることを保証すること．
一貫性 (consistency)	トランザクションの前後で整合性が保たれていることを保証すること．
隔離性・独立性 (isolation)	複数のトランザクションを同時実行した場合と逐次的に実行した場合とで，それらの処理結果が一致し，実行中のトランザクションが他のトランザクションの途中結果に影響を与えないことを保証すること．
耐久性 (durability)	トランザクションの正常終了後，その結果がシステム障害発生後も保持され続けることを保証すること．

(a) 和集合演算

(b) 積集合演算

(c) 差集合演算

図 8.9 データベースの集合演算

演算である**和**，**積**，**差**を行うことができる．

また，図 8.10 のように，ある表の行に別の表の行をそれぞれつなぎ合わせる**直積**という操作を行うこともでき，これを**直交結合**と呼ぶ．

その他，リレーショナル型データベースに特有の演算として，**関係演算**という4つの演算方法がある．図 8.11 に示すように，それぞれ新しい表をつ

115

第 **8** 章　データを蓄えて利活用するためのしくみ データベース

A					B			
学籍番号	氏名	学部コード			科目コード	科目名	教員番号	
101	鈴木	K01		×	A002	数学	T001	
102	松本	K01			A006	物理	T005	
201	柘植	S04						

A×B ← AとBのすべての組み合わせを出力

学籍番号	氏名	学部コード	科目コード	科目名	教員番号
101	鈴木	K01	A002	数学	T001
101	鈴木	K01	A006	物理	T005
102	松本	K01	A002	数学	T001
102	松本	K01	A006	物理	T005
201	柘植	S04	A002	数学	T001
201	柘植	S04	A006	物理	T005

図 8.10　直積集合演算

くる演算である．**選択**では設定した条件に合うものを表の中から抽出し，**射影**では特定の項目を表の中から抽出する．また，**結合**では 2 つの表で共通する項目で統合し，**商**ではある表のカラムの項目をすべて含むレコードで，かつその項目を含まない部分を抽出する．そして，それぞれの演算手法で抽出した内容に基づき，新しい表を作成する．

　多人数でデータベースを利用する場合には，同じデータの参照や更新などが同時に起こってしまうこともある．このとき，ちゃんと制御しておかなければ，データが上書きされたり，削除したはずのデータが復活したりと，データに不整合が生じることとなり，その結果，障害を引き起こしてしまう．そこで，**排他制御（同時実行制御）**というものが行われる．データを更新する際，そのトランザクション以外のトランザクションからのデータへのアクセスを禁止する**占有ロック**という機構や，データを読み取る際にそのトランザクション以外のトランザクションは参照のみを許すような**共有ロック**という機構がとられる．

　排他制御によって，データに不整合が生じる現象は回避できる．しかし，トランザクション A はトランザクション B がロックしているデータが必要であり，またトランザクション B はトランザクション A のデータが必要である

8.3 データを利活用する方法

学籍番号	科目コード	成績
101	A002	90
101	A006	87
101	B003	45
102	B003	80
201	B003	73
201	B005	42

成績≧70 選択 →

学籍番号	科目コード	成績
101	A002	90
101	A006	87
102	B003	80
201	B003	73

条件に従って特定の行を取り出す演算

(a) 選択

学籍番号	科目コード	成績
101	A002	90
101	A006	87
102	B003	80
201	B003	73

学籍番号 科目コード 射影 →

学籍番号	科目コード
101	A002
101	A006
102	B003
201	B003

指定した列を取り出す演算

(b) 射影

A
学籍番号	科目コード
101	A002
101	A006
102	B003
201	B003

B
学籍番号	氏名
101	鈴木
102	松本
201	柘植

結合 →

学籍番号	氏名	科目コード
101	鈴木	A002
101	鈴木	A006
102	松本	B003
201	柘植	B003

AとBの共通の列を用いて結合する演算

(c) 結合

A
学籍番号	氏名	科目コード
101	鈴木	A002
101	鈴木	A006
102	松本	B003
201	柘植	B003

÷

B
科目コード
B003

商 →

学籍番号	氏名
102	松本
201	柘植

Aのうち，Bのすべての項目を含み，かつその項目を含まない部分を取り出す演算

(d) 商

図 8.11　関係演算

第 8 章　データを蓄えて利活用するためのしくみ データベース

場合，それぞれがお互いのロック状態の解除を待ち続けることとなり，一向に処理が進まなくなってしまう現象が生じる．これは，**デッドロック**と呼ぶ障害である．

　発生した障害を回復する方法としては，**ロールフォワード**（**前進復帰**）と**ロールバック**（**後退復帰**）という考え方がある．ロールフォワードとは，記憶媒体などの物理的な障害回復に利用され，障害の発生前に取っておいたバックアップファイルに，ログに記録されている更新後の処理内容を反映させることで，障害発生直前の状態に戻す操作である．また，ロールバックとは，トランザクションの処理中の障害回復に利用され，ログに記録されている直前のトランザクション処理終了時の内容にまで戻す操作である．

　データが大量になると，人の手で分類や登録を行うことや，データに属性や名前を付けるタグ付けを行うことなどは現実的に難しくなる．そこで，リレーショナル型データベースを作成するためのデータベース言語が開発されており，その最も普及しているものが **SQL**（Structured Query Language）である．

　SQL には，データベース内のテーブルを作成したり，削除したりするようなデータを定義する命令や，データベース内からデータを取得したり，追加・削除・修正したりするデータを操作する命令，さらにはユーザのアクセス制限などを行うデータベースを制御する命令が存在する．これらの命令をプログラム言語のように組み合わせることで，効率よくリレーショナル型データベースを構築でき，データベースのテーブル内のデータも簡単に検索できる．

　このように，これまでは SQL で操作できるリレーショナル型データベースが主流であった．しかし，近年になり，構造化できない大量のデータ，いわゆるビッグデータを取り扱うことが多くなってきている．ビッグデータには，文字によるメッセージや音声データ，動画像，検索履歴や購買履歴などさまざまな種類のデータが混在している．そのため，構造化することがそもそも難しく，非定型のまま記録せざるをえない．これでは，SQL でうまく扱うことはできない．

　そこで，SQL を利用したこれまでのリレーショナル型データベースではない，まったく新しいデータの蓄積方法として **NoSQL**（Not only SQL）が使われるようになってきている．データのモデルが非常に柔軟であり，拡張（スケールアウト）が容易であるという特徴がある．また，1 つのコンピュータ

やサーバにデータを集める中央集積型ではなく，複数のコンピュータやサーバに分散させ，使用する際にはあたかも1つのデータベースとして扱うことができる分散処理型をとることで，応答速度や可用性を担保できることもビッグデータと相性が良い．

章末問題

8.1 管理の対象をエンティティ（実体）およびエンティティ間のリレーションシップ（関連）として表現するものは何か答えなさい．

8.2 次に示す「成績」表を，第3正規形で示しなさい．なお，主キーには下線を引くこと．
　　成績（学籍番号，氏名，{科目コード，科目名，点数}※）
　　※ {} は繰り返しを示す．

8.3 トランザクションが，データベースに対する更新処理を「完全に行う」か「まったく処理しなかったかのように取り消す」かのいずれかの結果になることを保証する特性は何か答えなさい．

8.4 DBMSにおいて，排他制御が必要な理由を説明しなさい．

第9章 コンピュータどうしを接続するしくみ
コンピュータネットワーク

コンピュータにとって，ネットワーク技術はなくてはならないものになって久しい．ネットワークが構築されていなければ，そもそもインターネットは存在せず，データや情報を通信することはできない．すなわち，コンピュータネットワークがなければ，コンピュータの本領は発揮できないといっても過言ではない状況にある．そこで本章では，コンピュータネットワークにはどんな種類があり，どのような考え方やしくみでネットワークが構築されているのかを見ていく．

9.1 ネットワークの種類

コンピュータネットワークとは，通信回線を利用して，複数のコンピュータを接続したシステムのことを指す．これにより，コンピュータという資源を共用利用したり，データを送受信したり，情報処理の機能分散をしたりすることができるようになる．現代において，インターネットを代表とするコンピュータネットワークは，なくてはならない存在であり，コンピュータもスマートフォンもネットワークにつながっているのが普通である．

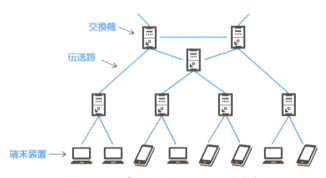

図 9.1　コンピュータネットワークの三大要素

9.1 ネットワークの種類

　この普段から慣れ親しんでいるコンピュータネットワークを構築するためには，図 9.1 に示す 3 つの要素が必要となる．ネットワークにつなげるコンピュータやスマートフォンである**端末装置**，それらをつなぐ**伝送路**，そして，そのたくさんある伝送路をうまくつないで整理する**交換機**がコンピュータネットワークを構築する際に必要不可欠な三大要素である．

9.1.1 コンピュータネットワークの歴史

　常日頃からお世話になっているインターネットもコンピュータネットワークであるが，その歴史は図 9.2 のように，軍事用のネットワークから始まっている．その後，大学間をつなぐネットワークへと開放・発展・民生化していき，オペレーティングシステムである Windows 95 が発売された 1995 年を境に日本でも爆発的に普及していった．現在では，ポケットの中に入れてもち運びできるスマートフォンを利用することで，インターネットはいつでも，どこでも，だれでも利用できるものとして市民権を得ている．

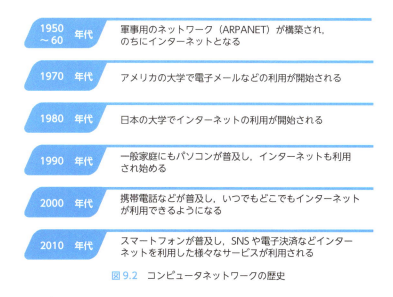

図 9.2　コンピュータネットワークの歴史

9.1.2 コンピュータネットワークの規模による分類

インターネットは最も大きな規模のコンピュータネットワークであるが，その規模により，コンピュータネットワークを分類することができる．最も小さい規模のコンピュータネットワークは，**構内通信網**（local area network：**LAN**）と呼ばれ，それをつなげることでより大きな規模の**地域通信網**（metropolitan area network：**MAN**）につながり，さらに**広域通信網**（wide area network：**WAN**）へと広がっていく．これらのイメージを図 9.3 に示す．当初，国内通信網は日本電信電話公社（1985 年民営化，現 NTT 社）が担当し，国際通信網は国際電信電話株式会社（KDD 社，1998 年から自由化，現 KDDI 社）が担当することで，国内外での情報通信が行われてきた．

企業や学校，一般家庭など，同じ敷地内で構築されたネットワークが LAN であり，最も身近なコンピュータネットワークである．**ハブ**や**スイッチングハブ**と呼ばれる装置を利用して，複数のコンピュータをつなぐことで LAN を構築する．ハブは複数の電化製品を利用する際に便利な電源タップをイメージするとわかりやすい．もちろん，後の 9.3 節で説明するようにワイヤレス技術を利用してつなぐこともできる．この離れた敷地どうしの LAN を**ルータ**という装置でつなげたものが WAN である（これには都市規模の MAN も含まれる）．これらの WAN や MAN が集まり，最終的に全世界をつなげたものが**インターネット**である．

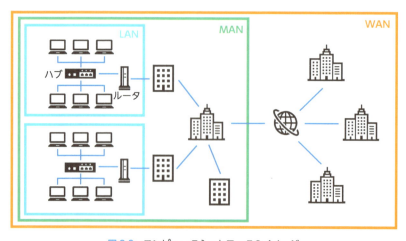

図 9.3　コンピュータネットワークのイメージ

9.1.3 コンピュータネットワークの接続形態

ネットワークを構築する際のコンピュータの接続形態には図 9.4 に示すような種類がある．これを**ネットワークトポロジー**と呼ぶ．ここでは，代表的な 3 つを詳しく紹介する．

バス型では，バスと呼ばれる一本の主線に各コンピュータがぶら下がる形で接続され，データは，このバスを通じて送受信される．データは，電気信号としてバスに流されることになるが，バスの端っこまできた電気信号をそのまま垂れ流す形で放置しておくわけにもいかない．電車の駅のようなイメージであり，この形態では，終着駅となる部分が必要となる．そこで，**終端抵抗器（ターミネータ）**と呼ばれる装置をバスの両端に設置し，流された電気信号の処理を行う．シンプルな構造ではあるが，ターミネータの設置が必要で少々面倒であること，また，バスに障害が生じるとすべての通信が遮断されてしまうという問題がある．

そこで，**リング型**では，そのバスの端どうしを直接接続し，リング状にすることで，ターミネータに起因する問題に対処している．しかし，根本的にはバス型と同じであるため，ネットワーク障害には弱い．

これを解決したのが，**スター型**の接続形態である．集線装置をハブとして

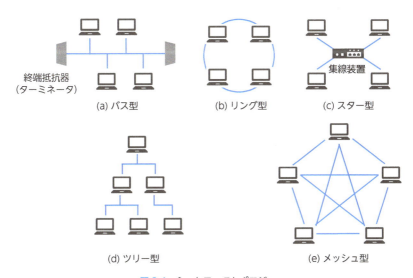

図 9.4 ネットワークトポロジー

各コンピュータを接続する．これにより，1つのコンピュータに障害が生じても，集線装置が生きていれば，他のコンピュータどうしの通信は遮断されずに継続して通信を行うことができる．現在のインターネットは，このスター型をベースに構築されている．

ほかにも，**ツリー型**や**メッシュ型**といった接続形態がある．ツリー型は階層構造をもつ接続形態で，スター型を複数組み合わせたような形で，親から子へと接続が広がる．この構造は大規模なネットワークで管理がしやすいという特徴がある．メッシュ型は各コンピュータが他の複数のコンピュータと直接接続される形態で，非常に信頼性が高い．特定の経路が故障しても，他の経路を使って通信が可能であるため，ネットワーク障害に強いとされている．

9.1.4 有線によるコンピュータネットワーク

有線でコンピュータをつなぐ際には，もちろんケーブルが必要となる．このケーブルには，図 9.5(a) のような種類がある．古くは，銅線でできている**同軸ケーブル**や**ツイストペアケーブル（より対線）**が利用されていたが，近年では高速通信を実現できる**光ファイバーケーブル**が主線には利用されるケースが多い．

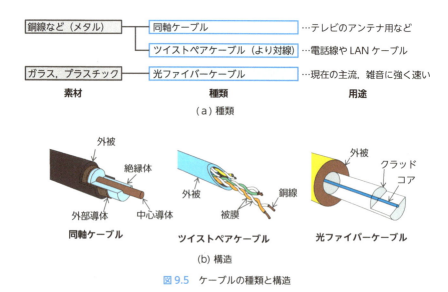

図 9.5　ケーブルの種類と構造

図 (b) にそれぞれのケーブルの構造を示す．同軸ケーブルは，テレビ放送の受信アンテナとテレビとをつなぐケーブルとしてよく利用されるものであり，中心の銅線の周りを覆うようにメッシュ状の銅線を配置させることで，雑音の混入を防ぐ構造をとっている．

ツイストペアケーブルは，電話線や LAN ケーブルとして利用される．細い銅線を複数本束ねた構造となっている．なぜ複数本必要なのかというと，これは通信方式との兼ね合いがある．

データは，基本的には 1 つのケーブルに 1 方向でしか通信させることができない．これを**単方向通信**と呼ぶ．これを交互に使うのが糸電話のしくみである．しかし，これでは非常に不便である．そこで，話す方と聞く方を分ける方法，つまり送信用と受信用を用意する**双方向通信**が開発された．2 線式の伝送路で両方向に交互にデータを送信するのが**半二重通信**である．トランシーバーのようなしゃべり方をイメージすると良いかもしれない．でも，やはり電話のように自由に話したり聞いたりするほうが，明らかに効率が良い．そこで，**全二重通信**として，4 線式（2 対）の伝送路で両方向に同時にデータを伝送する方法が使われる．

このように，効率よくスムーズにデータ通信をするためには，複数の伝送路が必要となり，ツイストペアケーブルは，それをかなえる構造となっているのである．ツイストペアケーブルは安価であり，ケーブルが細いため扱いやすいが，同軸ケーブルに比べて雑音には弱い．

雑音にも強く，もっと速くデータを送受信しようとすると，電気ではなく，最も速い速度を有する光を利用することが考えられ，その技術が開発された．光ファイバーケーブルでは，屈折率の異なる**コア**と**クラッド**と呼ばれるガラスやプラスチックでできたケーブルの中に光を閉じ込め，この光のやり取りでデータ通信を実現している．そのため，家に光ファイバーケーブルがある場合は，ていねいに扱うことを心掛けたい．無理に曲げたり，踏んだりすると，高価なケーブルの中のガラスやプラスチックが折れてしまい，通信ができなくなってしまうことがあるので注意が必要である．

第 **9** 章　コンピュータどうしを接続するしくみ　コンピュータネットワーク

9.2　特定の限られた範囲での ネットワーク

　同じ敷地内など，特定の限られた範囲のネットワークである LAN を構築する際に使用される伝送路は，世界規模で決められている **IEEE 802.3** という規格（表 9.1）に準拠する必要がある．なお，IEEE（Institute of Electrical and Electronics Engineers）は「アイ・トリプルイー」と読み，電気・情報工学分野の学術研究団体であり，電気通信関連の仕様の標準化機関としての役割をも担う米国電気電子学会のことである．

表 9.1　おもな IEEE 802.3 規格（有線）

策定年	規格名	接続形態	最大伝送速度	最大伝送距離
1983	10BASE5	バス型	10 Mbps	500 m
1985	10BASE2	バス型	10 Mbps	185 m
1990	10BASE-T	スター型	10 Mbps	100 m
1995	100BASE-TX	スター型	100 Mbps	100 m
2000	1000BASE-SX	スター型	1 Gbps	440 m
2004	1000BASE-LX	スター型	1 Gbps	5000 m
2006	10GBASE-T	スター型	10 Gbps	100 m
2016	25GBASE-T	スター型	25 Gbps	30 m
2017	200GBASE-LR4	スター型	200 Gbps	10 km
2020	400GBASE-SR8	スター型	400 Gbps	100 m
2024	800GBASE-SR8	スター型	800 Gbps	100 m

　LAN は，この規格に準拠して構築されるが，さらに，送信する際の規則にも注意する必要がある．たとえば，図 9.6(a) のイメージのように，データを送信したい人が複数いて，同時にそれらのデータを送信しようとするとネットワーク上でデータが衝突してしまい，データ信号が破壊されることで正常にデータのやり取りができなくなってしまう現象が発生する．これを**コリジョン**と呼ぶ．そこで，IEEE 802 規格では，このコリジョンへの対処方法も決められている．

　CSMA/CD（carrier sense multiple access/collision detection）**方式**は，データが流れていないときに送信する方法であり，図 (b) のイメージである．もしデータが流れていれば，ランダムな時間だけ待機することでコリジョンを

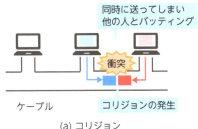

(a) コリジョン

(b) CSMA/CD方式

図 9.6　コリジョンへの対処

回避する．

CSMA/CA（CSMA/collision avoidance）**方式**は，無線 LAN で使用される方法である．無線 LAN ではコリジョンを検知することができないため，データを送信した後に正しく受信されたことを示す ACK 信号をもらうことで，正常に通信できたか否かを確認する．

トークンパッシング方式では，トークンと呼ばれる送信権を巡回させ，トークンを取得した端末のみが送信できるしくみである．

TDMA（time division multiple access：**時分割多元接続**）**方式**では，一定時間間隔ごとに送信権を順々に与える方法である．

9.3　ワイヤレスでコンピュータをつなげるための技術

　LAN は，IEEE 802.3 規格に準拠した有線による接続のほかに，ワイヤレス技術による無線での接続も可能である．この無線に関する規格は，表 9.2 に示す **IEEE 802.11** として規定されている．

第 **9** 章　コンピュータどうしを接続するしくみ コンピュータネットワーク

表 9.2　おもな IEEE 802.11 規格（無線）

策定年	規格名	名称	周波数帯	最大伝送速度
1997	IEEE 802.11	-	2.4 GHz	2 Mbps
1999	IEEE 802.11a	-	5 GHz	54 Mbps
1999	IEEE 802.11b	-	2.4 GHz	11 Mbps
2003	IEEE 802.11g	-	2.4 GHz	54 Mbps
2009	IEEE 802.11n	Wi-Fi 4	2.4 GHz/5 GHz	600 Mbps
2013	IEEE 802.11ac	Wi-Fi 5	5 GHz	6.93 Gbps
2019	IEEE 802.11ax	Wi-Fi 6	2.4 GHz/5 GHz	9.6 Gbps
2021	IEEE 802.11ax	Wi-Fi 6E	2.4 GHz/5 GHz/6 GHz	9.6 Gbps
2024	IEEE 802.11be	Wi-Fi 7	2.4 GHz/5 GHz/6 GHz	46 Gbps
2028（予定）	IEEE 802.11bn	Wi-Fi 8	2.4 GHz/5 GHz/6 GHz	100 Gbps

　無線は電波を利用して実現されているが，電波は目に見えないため，ついつい無限に利用でき，無数に接続できると錯覚しがちである．しかし，電波は有限のものであり，世界規模でも日本国内でも限りある電波を有効利用できるようにさまざまな工夫がなされている．表 9.3 に電波の周波数ごとの発生源や利用可能な機器を示す．このルールを守らなければ，電波干渉が生じて混線することとなり，正常に機器を使用することができなくなる．ルールを逸脱して使用すると法律で罰せられることになるため，しっかり把握して利用する必要がある．

　特に，5 GHz 帯を利用する無線 LAN 規格の機器は屋内でのみ利用が許可されており，屋外で利用すると衛星放送と干渉することとなり，法律違反と

表 9.3　電波における周波数とその利用例

電磁界の種類	非電離放射線							電離放射線
	静電磁界	超低周波電磁界	中間周波電磁界	高周波電磁界			光	放射線
周波数	ゼロ	300 Hz 以下	300 Hz～10 MHz	10 MHz～300 MHz	300 MHz～3 GHz	3 GHz～3 THz	3 THz～3 PHz	3 PHz 以上
波長	なし	10 km 以上	10 km～30 m	30 m～1 m	1 m～10 cm	10 cm～0.1 mm	0.1 mm～0.1 μm	0.1 μm 以下
おもな発生源や利用例	・地磁気 ・磁石 ・鉄道 ・MRI	・電力設備 ・家電電源 ・鉄道 ・船舶	・IH 調理器 ・鉄道	・ラジオ放送 ・TV 放送	・電子レンジ ・携帯電話 ・TV 放送 ・無線 LAN	・衛星放送 ・衛星通信 ・無線LAN	・太陽光	・レントゲン

なる．また，無線 LAN でよく利用される 2.4 GHz 帯は，電子レンジなど家電製品などでも一般的に利用される周波数帯域である．そのため，たとえば，電子レンジを使うと雑音が入ったり，通信速度が低下したりすることがあるので注意が必要である．

スマートフォンや携帯電話などは**移動体通信**と呼ばれ，もちろんこれらも電波を利用した機器である．全国各地で利用したいが，使える周波数帯域にはやはり限界がある．そこで，図 9.7 のように基地局ごとに使用する周波数を変え，干渉しない遠い位置にある基地局では，その周波数を再利用することで限りある周波数帯域を有効利用している．この方式を**セルラー方式**と呼び，この 1 つの基地局がカバーする範囲を**セル**と呼ぶ．このことから，携帯電話のことをセルラーフォン（またはセルフォン）と呼ぶことがある．なお，携帯電話では，1 つの基地局が担当するセルの範囲は半径 500 m 〜 20 km とされている．

そのため，新幹線などの高速に移動する車内では，スマートフォンなどの通信が安定しないことがある．これは，通信する際に使用する基地局の範囲をすぐに逸脱し，次の基地局へ，次の基地局へと，担当する基地局がコロコロと変わるため，その切り替えのタイミングで通信が不安定となることがあるためである．

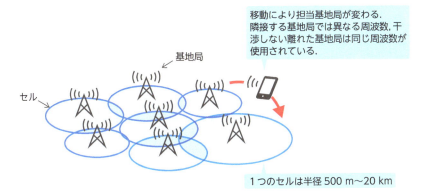

図 9.7　移動体通信（セルラー方式）

9.4 ネットワークを機能ごとに整理した捉え方

コンピュータネットワークを構築する際の物理的な規格や形態などについて見てきたが，機能的な面からもその構成を整理しておかなければ，いくら物理的にコンピュータどうしがつながったとしても，実質的に機能させることは難しい．これを**ネットワークアーキテクチャ**と呼ぶ．たとえば，ネットワークアーキテクチャがないと，図 9.8 のようにコンピュータやソフトウェア，ネットワーク全体の保守管理が難しくなってしまう．

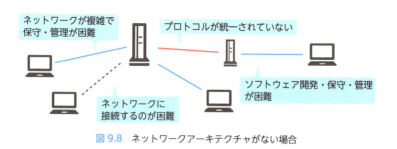

図 9.8　ネットワークアーキテクチャがない場合

実際，図 9.9(a) のように，1970 年代では各社が異なるネットワークアーキテクチャをもっていた．そのため，たとえば A 社と B 社の間で情報通信をしようとしても，直接的に相互に接続することはできず，各社のネットワークを接続する間に**ゲートウェイ**という装置を介する必要があった．このゲートウェイは，各社のルールである**プロトコル**（**通信規約**）を相手のプロトコルに変換する役割を果たしていた．人間でいえば，言語の異なる者どうしが通訳を介して会話をするかのように，データのやり取りにおいても直接の通信はできなかったのである．

これでは不便極まりないということで，世界中が手を結び，自分たちだけの利益を追求するのではなく，皆で統一ルールを制定してそれに準じて情報通信をしようということとなった．これが現代のコンピュータネットワークであり，図 (b) に示すように 1980 年代以降の話である．

この世界的な統一ルールのことを，**OSI**（open systems interconnection）**基本参照モデル**と呼び，**国際標準化機構**（International Organization for

9.4 ネットワークを機能ごとに整理した捉え方

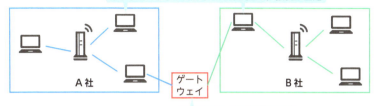

(a) 1970年代のネットワークアーキテクチャ

(b) 1980年代以降のネットワークアーキテクチャ

図 9.9 ネットワークアーキテクチャの変遷

Standardization：ISO）により制定された．基本的な概念は，図 9.10 に示すようになっている．

各機能は**エンティティ**として定義され，7 層の階層構造となっている．各層間にはプロトコルが決められ，その通信規約に則り処理が行われる．特に同一の層間の論理的なデータ通信路のことを**コネクション**と呼ぶ．また，下位の層から上位の層へ提供される機能を**サービス**と呼び，その窓口となる部分を **SAP**（service access point）と呼ぶ．

なお，各層のエンティティには，その層で行う処理にちなんだ具体的な名前が付けられている．下位の層から順に，**物理層**，**データリンク層**，**ネットワーク層**，**トランスポート層**，**セッション層**，**プレゼンテーション層**，**アプリケーション層**である．各層で行う処理については，次節で説明する．

通信を行う際には，送信側は，ユーザに一番近いエンティティであるアプリケーションに関する機能から順に処理を行い，一番下位の層で物理的な処理を行った後，受信側に信号を送信する．信号を受信した側は，送信側とは

第9章 コンピュータどうしを接続するしくみ コンピュータネットワーク

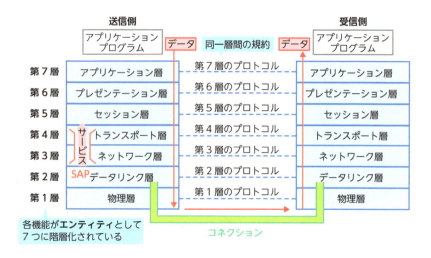

図9.10 OSI基本参照モデルの概念図

逆順に下位の層から順に上位の層へ処理をたどることで，送信側が送信した情報を復元し，情報通信が確立する．

9.5 データ通信のしくみ

前節の図9.10を踏まえて，各層のエンティティに名前を定義し，それぞれの層で行う処理の内容とそのイメージを図9.11に示す．データ通信のイメージとして，今回は手紙や現金を相手に送ることを例に考えることとする．

送り主は，まず第7層のアプリケーション層で何を相手に送るのかを考えることになる．手紙を送るのか，現金を送るのかを考え，第6層のプレゼンテーション層で文面や金額など，その中身を決める．中身が決まったらそれに合った送り方を第5層のセッション層で選択することとなる．手紙であれば封書，現金であれば現金書留ということになる．あとは，第4層のトランスポート層で封書はポストに投函，現金書留は手続きがあるので郵便局にもって行って処理してもらえば，送り主の仕事は完了ということになる．その先は，第3層のネットワーク層でそれらの荷物をどの経路で送るのか，たとえば，東京から大阪までの経路探索をし，第2層のデータリンク層では実際にどのような手段で運ぶのかを選択する．トラックも，電車も，はたまた飛行機や船など

図 9.11　OSI 基本参照モデルとそのイメージ

も選択肢として考えられる．選択した輸送手段に応じて，第 1 層の物理層では，それらの輸送手段が使用する媒体，トラックであれば道路，電車であれば線路が決まることとなる．

　送られた方としては，今度は第 1 層から第 7 層の順に処理をする．たとえば，道路を使ってトラックが東京から大阪に運んできた手紙は郵便局に集まり，各家庭に配達される．受け取り主は，その手紙の宛名を確認し，間違っていなければ開封して，中に入っている手紙を読んで，相手と意思疎通を図るという段取りである．

　これは，あくまでイメージの話ではあるため，本節ではそれぞれの層で実際に行っている情報通信のための処理について見ていきたいと思う．

9.5.1　第 1 層：物理層

　第 1 層の物理層は，最もコンピュータ寄りで，ユーザからは遠いところに位置し，第 2 層のデータリンク層からのデータの伝送要求に従って，物理媒体にデータを送受信する働きをする．具体的には，図 9.12 に示すようにピ

第 9 章 コンピュータどうしを接続するしくみ コンピュータネットワーク

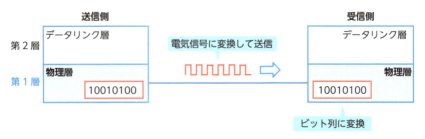

図 9.12 第 1 層：物理層

ンの数やコネクタ形状，電圧などの電気的条件といった電気や光，電波による伝送路などの機械的な特性を規定している．

なお，**ハブ**や**リピータ**は第 1 層の機器であり，ハブは電気信号の増幅，リピータはネットワークを延長するために使われる．

9.5.2　第 2 層：データリンク層

論理的なネットワーク上の通信路（これを**データリンク**と呼ぶ）において，第 2 層のデータリンク層で，伝送制御手順（詳細は 11.2 節参照）に従ってデータを正しく円滑に伝送する．具体的には，図 9.13 に示すように，誤り検出

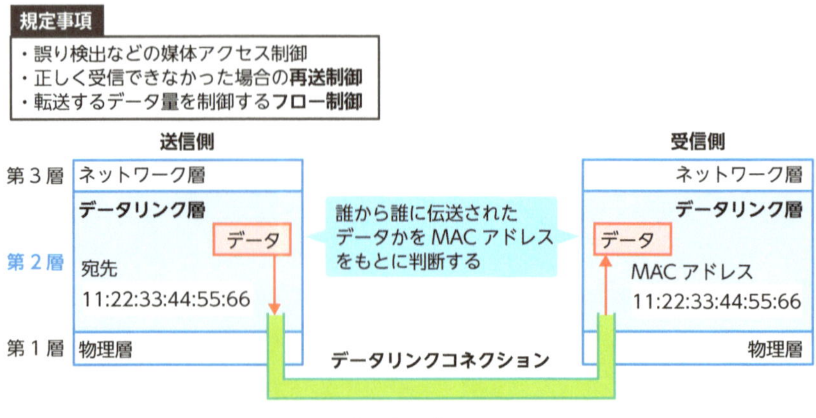

図 9.13 第 2 層：データリンク層

などの媒体アクセス制御や，正しく受信できなかった場合の**再送制御**，転送するデータ量を制御する**フロー制御**などを定めている．

なお，**ブリッジ**や**スイッチ**（**スイッチングハブ**，**L2 スイッチ**）は第 2 層の機器であり，ネットワークに接続できる機器には必ず搭載されている **NIC**（network interface card：**ネットワークインターフェースカード**）に，工場出荷時点で設定されている 48 ビットからなる固有の **MAC アドレス**を利用して通信を行う．一般的に MAC アドレスは 8 ビットごとに 2 桁の 16 進数 00 〜 FF で表し，それぞれの間はコロンやハイフンで区切って表記される．この層までで構築できるネットワークが，9.2 節で説明した LAN である．

9.5.3　第 3 層：ネットワーク層

第 3 層のネットワーク層は，インターネットの中核を担う層であり，通信経路を確保して中継し，通信相手に透過的な（これらの処理を意識させることなく）データ転送サービスを提供する．具体的には，図 9.14 に示すように 32 ビットからなる **IP**（Internet Protocol）**アドレス**（10 章参照）に基づくデータ転送（**ルーティング**：中継経路の選択）や**ふくそう**（混雑）の制御を規定している．

なお，**ルータ**（**L3 スイッチ**）は第 3 層目までを対象とした機器であり，図 9.15 のように，長距離間のネットワークの中継を実現している．

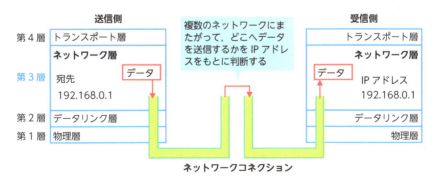

図 9.14　第 3 層：ネットワーク層

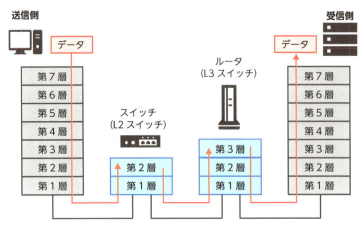

図 9.15　OSI 基本参照モデルにおけるスイッチとルータ

9.5.4　第 4 層：トランスポート層

　第 4 層のトランスポート層では，第 5 層より上位の層が，回線品質や物理的な構成を意識せずに，システム間で正しく通信できるように機能する．具体的には，図 9.16 に示すように，送信した順序と異なる順序で受信したデータを正しい順序にする**順序制御手順**や，その際にデータが足りなかったり，崩れていたりした際の**再送制御**などを定めている．

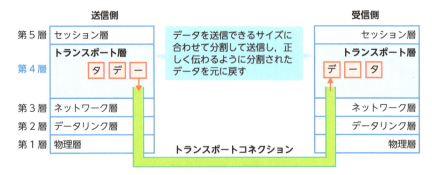

図 9.16　第 4 層：トランスポート層

なお，インターネットで利用されるプロトコルとして **TCP/IP**（Transmission Control Protocol/Internet Protocol）があるが，その **IP** は 9.5.3 項で扱った第 3 層であるネットワーク層のプロトコルであり，**TCP** がこの第 4 層であるトランスポート層のプロトコルにあたる．詳細は 10 章を参照してほしい．

9.5.5　第 5 層：セッション層

第 5 層のセッション層では，アプリケーションが情報を送るために必要な通信を確立したり，維持したり，切断したりする会話制御を行う．具体的には，図 9.17 に示すように，半二重や全二重の通信モードの設定，送信権の管理，同期点の設定などを規定している．

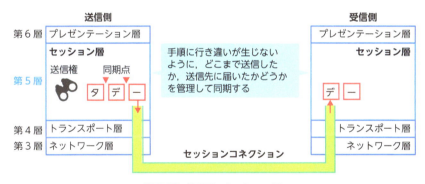

図 9.17　第 5 層：セッション層

9.5.6　第 6 層：プレゼンテーション層

第 6 層のプレゼンテーション層では，送信データの表現形式の識別や解釈を行い，必要があればその表現形式を変換する．具体的には，図 9.18 に示すように，転送構文，データ圧縮，データ形式の変換，文字コードや暗号化などを定めている．

第9章 コンピュータどうしを接続するしくみ コンピュータネットワーク

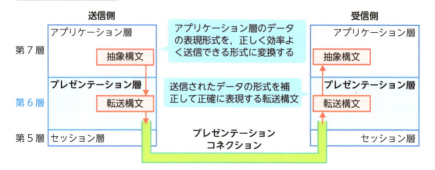

図 9.18 第6層：プレゼンテーション層

9.5.7 第7層：アプリケーション層

第7層のアプリケーション層では，ユーザのプログラムが OSI 基本参照モデルの環境で実行できるようにし，ユーザ間の通信を可能にする．具体的には，図 9.19 に示すように，アプリケーションと通信機能の間のインタフェース

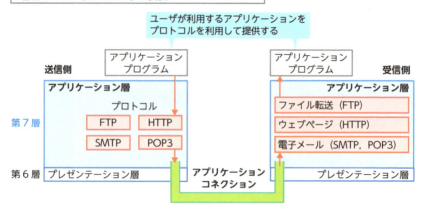

図 9.19 第7層：アプリケーション層

を提供し，各種サービス（プロトコル）を定めている．これについても，詳細は第11章を参照してほしい．

9.5.8 OSI 基本参照モデルと TCP/IP モデルの対応関係

これまで説明してきた OSI 基本参照モデルは，国際的な標準として 1980 年代に定められ，それに準拠する形で運用されてきた．あくまで「参照されるべきモデル」であり，実際にはそれを簡略化した **TCP/IP モデル**が実運用されている．LAN やインターネットもこの TCP/IP モデルが使われており，実質的な標準規格となっている．OSI 基本参照モデルと TCP/IP モデルの各層の対応を図 9.20 に示す．

OSI 基本参照モデルの第 1 層と第 2 層が TCP/IP モデルではまとめて**ネットワークインターフェース層**に，OSI 基本参照モデルの第 5 層から第 7 層までが TCP/IP モデルではまとめてアプリケーション層とされており，全部で 4 層構造となっている．注目すべきは，OSI 基本参照モデルの第 3 層と第 4 層であるネットワーク層とトランスポート層である．これらの層は，TCP/IP モデルでもネットワーク層が**インターネット層**と名前だけが違うものの，そのまま残っている．ここからも，この 2 つの層がインターネットで最も重要なプロトコルを規定していることがうかがい知れる．

なお，このように，OSI 基本参照モデルは 7 層構造，TCP/IP モデルは 4 層構造であることから，どのモデルを使って話をしているのかをしっかり把握しておかないと，たとえば第 4 層といわれたときに，それが示している箇所が異なることとなり，齟齬が生じる危険性があるため注意する必要がある．

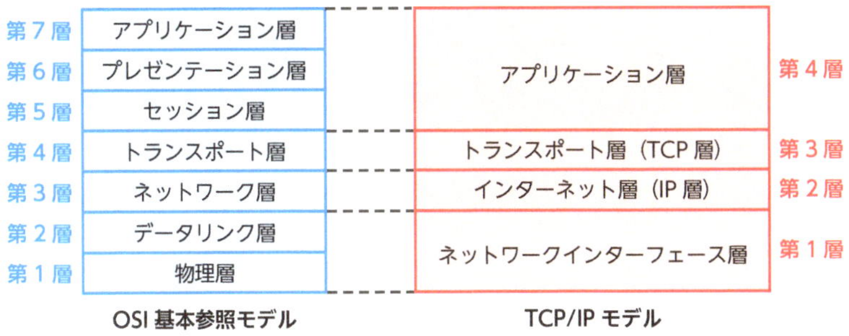

OSI 基本参照モデル		TCP/IP モデル	
第7層	アプリケーション層		
第6層	プレゼンテーション層	アプリケーション層	第4層
第5層	セッション層		
第4層	トランスポート層	トランスポート層（TCP 層）	第3層
第3層	ネットワーク層	インターネット層（IP 層）	第2層
第2層	データリンク層	ネットワークインターフェース層	第1層
第1層	物理層		

図 9.20 OSI 基本参照モデルと TCP/IP モデルの各層の対応

第 9 章　コンピュータどうしを接続するしくみ　コンピュータネットワーク

章末問題

9.1 複数の LAN を接続するために用いる装置で，OSI 基本参照モデルのデータリンク層のプロトコル情報に基づいてデータを中継する装置は何か答えなさい．

9.2 OSI 基本参照モデルにおいて，エンドシステム間のデータ伝送を実現するために，ルーティングや中継などを行う層はどこか答えなさい．

9.3 TCP/IP モデルにおいて，TCP が属する層はどこか答えなさい．

9.4 LAN に接続されたノードにおいて，各ノードは伝送媒体の使用状況を調べ，使用中でなければ送信を行い，衝突を検出したらランダムな時間経過後に再度送信を行う送信動作は何か答えなさい．

第

第10章
インターネットのしくみ
プロトコル

　インターネットを利用する際には，意識することはほとんどないが，実際には一般的に TCP と IP という 2 つのプロトコルを使用している．第 9 章で説明した OSI 基本参照モデルでも TCP/IP モデルでも，ユーザとコンピュータとの中間地点に位置している重要な内容である．そこで本章では，この TCP/IP という 2 つのプロトコルを中心に深掘りし，コンピュータがどのようにインターネットにつながり，情報通信を確立しているのかを見ていきたいと思う．

10.1　TCP/IP による通信のしくみ

　コンピュータネットワークを動作させようとするとき，つまりコンピュータどうしが情報のやり取りをするとき，2 つの形態を考えることができる．たとえば，私たちの生活の中で情報交換するときのことを考えると，LINE や SMS などを使って相手にメッセージを送ったり，電話をかけて話をしたりすることが思いつく．一方的に情報を送りつけている前者はプッシュ型であるのに対し，後者は相手が電話に出てくれないと情報を伝えることはできない．ただし，プッシュ型の場合は送りつけたメッセージを相手がいつ読んでくれるのかはわからないため，当然，確実に情報を伝えるためには後者の方法のほうが信頼性は高いといえる．また一方，特に後者の方法は相手の時間的な自由を奪うことになるため，前者の方法が好まれる傾向にあるのも確かである．

　このように，相手と情報交換をする際にも一長一短のやり方が存在するように，情報通信の世界でもメリットとデメリットをあわせもつ 2 つの通信形態がある．1 つは，**コネクション型**（**CO**（connection-oriented）**型**）であり，実際のデータを送信する前に，各種制御の合意と準備を行う（これは一般に「コネクションを確立する」と呼ばれる）．いわゆる，電話と同じイメージである．

141

第 10 章　インターネットのしくみ プロトコル

そのため，長いメッセージを信頼性高く送りたい場合には，有効に使用することができる.

　もう 1 つの方法は,**コネクションレス型**(**CL**(connectionless)**型**)であり，データの送信要求が発生すると，ただちに相手の端末にデータを送信する．いわゆる，LINE と同じイメージである．そのため，コネクション型よりも信頼性は低く，短いメッセージを迅速に送りたい場合には有効である.

　これらのメリットとデメリットを有する 2 つの通信形態をあわせもったものがインターネットなのである．実際，TCP/IP という 2 種類のプロトコルを使用するが，OSI 基本参照モデルの第 4 層ならびに TCP/IP モデルの第 3 層であるトランスポート層のプロトコルである TCP はコネクション型，OSI 基本参照モデルの第 3 層のネットワーク層ならびに TCP/IP モデルの第 2 層のインターネット層のプロトコルである IP はコネクションレス型を採用している.

　なお，TCP はコネクション型通信を行うため信頼性は上がるが，コネクションを確立するための手続きの関係上，コネクションレス型通信よりも通信速度はどうしても少し落ちてしまう．そこで，TCP の代わりに速度を重視したコネクションレス型通信を行う **UDP**（User Datagram Protocol）というプロトコルもトランスポート層のプロトコルとして使用されることがある．たとえば，YouTube のような動画配信では，リアルタイムに再生されることが望まれる．このような場合には，TCP よりも UDP のほうが有効である.

　インターネットで情報通信を行うことを考えるとき，パケットという単語を思い出す人も多いと思う．スマートフォンの料金設定も，このパケットの使用量で課金されることが多い．では，このパケットとはいったいどういったものだろうか．それを示したのが図 10.1 で，情報通信を TCP/IP モデルで表現したイメージである.

　たとえばメールを送信しようとしたとき，第 4 層のアプリケーション層で，実際に送りたいデータを用意する．そのデータを次の第 3 層であるトランスポート層に渡すと，アプリケーション層で使用したアプリケーションを識別するためのポート番号が付加される．この加工されたデータを**セグメント**と呼ぶ．さらにこのセグメントは，次の第 2 層目のインターネット層に渡され，ネットワークなどを識別するための IP アドレスの情報が付加される．これを**パケット**（**IP データグラム**）と呼ぶ．しかし，これでデータが送信されるわ

142

10.1 TCP/IPによる通信のしくみ

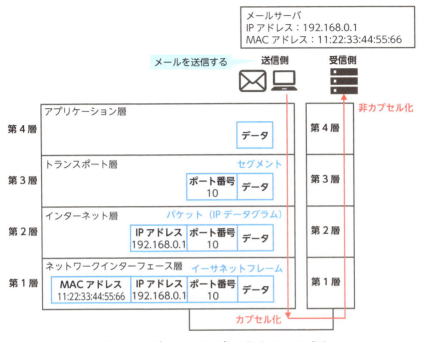

図10.1　カプセル化と非カプセル化（TCP/IPモデル）

けではなく，次の第1層であるネットワークインターフェース層で，端末を識別するためのMACアドレスの情報が付加され，ようやく送信できるようになる．なお，このデータを**イーサネットフレーム**と呼び，各層で通信時に必要な情報を付加する処理を**カプセル化**と呼ぶ．

　図10.1を見てもわかるとおり，カプセル化を行うことで，実際に送受信したいデータよりも多くの量のデータを送る必要があるが，カプセル化のおかげで，イーサネットフレームを受信した端末は，どのネットワークのどの端末からどんなアプリケーションを使って情報が送られて来たのかを，カプセル化とは逆の順序で手繰ることで解読することができ（**非カプセル化**），正しく情報を解読することができるのである．

第**10**章 インターネットのしくみ プロトコル

10.2 インターネットの中核的なしくみ

現代のインターネットはTCP/IPモデルを中心に構築されているが，本来のインターネットの原型は，コネクションレス型通信を行う**IPネットワーク**である．インターネットの起源は軍事用であるが，近くの味方どうしで瞬時にやり取りをするためには，IPネットワークで十分かつ有効であったと思われる．しかし，現代では不特定多数の人々が世界中でインターネットを使用する状況にあり，IPネットワークにTCPを併用して高速での通信を担保しつつ，信頼性を高めた結果がTCP/IPモデルで構築されたインターネットだといえる．

OSI基本参照モデルの第3層であるネットワーク層，TCP/IPモデルの第2層であるインターネット層での役割を担う機器としてルータがあるが，ルータはこのIPネットワークで使用されるIPアドレスを利用し，宛先を調べて，適切なデータの転送経路を選択するという役割を担っている．

10.2.1 IP アドレス (IPv4)

IPアドレスは，インターネットにつながる個々のネットワークと，ネットワークの中の端末を識別する番号である．その番号の値は32ビットで構成されている．特に，前半部分を**ネットワークアドレス部**，残りの後半部分を**ホストアドレス部**と呼ぶ．具体的には，たとえば「11000000 00001010 00010100 00011110」のように32ビットで表現される．このままでは，人間には見にくく，理解しにくいため，実際には8ビットごとに10進数で表した4つの値，この例だと「192.10.20.30」というように表現することが一般的である．なお，この32ビットで表現されるIPアドレスを**IPv4**と呼ぶ．

このIPアドレスのどの部分をネットワークアドレス部として，どの部分をホストアドレス部とするのかは，図10.2に示すように，クラスA，クラスB，クラスCなどとしてアドレスクラスが定義されている．それぞれのクラスごとにどれだけの数のネットワークまたはホストを設定できるのかを表10.1に示す．

クラスAでは，ネットワークの数を少なくする代わりにホストの数を多くとり，逆にクラスCでは，ホストの数を少なくしてネットワークの数を多く

144

10.2 インターネットの中核的なしくみ

ネットワークアドレス部の
固定ビット

	2進数表記	10進数表記
クラスA	0 0001010 00000000 00000000 00000001	10.0.0.1
クラスB	10 101100 00010000 00000000 00000001	172.16.0.1
クラスC	110 00000 10101000 00000000 00000001	192.168.0.1
クラスD	1110 0000 00000000 00000000 00000001	224.0.0.1
クラスE	1111 0000 00000000 00000000 00000001	240.0.0.1

ネットワークアドレス部　　　ホストアドレス部

図 10.2　IP アドレスの構成

表 10.1　クラスごとのネットワーク数，ホスト数の変化

クラス	アドレスの範囲	表現可能な ネットワーク数	表現可能な ホスト数
A	0.0.0.0 〜 127.255.255.255	128	16,777,214
B	128.0.0.0 〜 191.255.255.255	16,384	65,534
C	192.0.0.0 〜 223.255.255.255	2,097,152	254
D	224.0.0.0 〜 239.255.255.255	マルチキャスト用に予約済	使用しない
E	240.0.0.0 〜 255.255.255.255	実験・研究用に予約済	使用しない

とっている．ここで，よく見ると少し疑問が生じる．たとえば，クラスCの
ホストアドレス部は 8 ビットが割り当てられているため，本来であれば 256 台
の端末を識別することが可能なはずだが，表 10.1 では 254 と表記されている．
これは誤記載ではなく，正しい表記である．では，その差の 2 はどういうこ
となのか．

　それは，ホストアドレス部の値をすべて「0」にしたものは，ネットワーク
を示す**ネットワークアドレス**として，また，ホストアドレス部の値をすべて
「1」にしたものは，そのネットワークに所属するすべてのホストに一斉配信
を行うための**ブロードキャストアドレス**として，特別の用途として予約・使

145

第 **10** 章　インターネットのしくみ プロトコル

用されていることから生じている．そのため，この2種類の特別なアドレスは，実質的にはホストアドレスとして使用することができないため，表現可能なホスト数は，ビット数から算出されるホスト数の最大値から2が減算された値となっている．

例題 10.1

IPアドレスがクラスCの192.168.156.97であった場合，ネットワークアドレスとブロードキャストアドレスを答えよ．

例題 10.1 の解答

　IPアドレス192.168.156.97がクラスCであることから，

　　　ネットワークアドレス部は，192.168.156

　　　ホストアドレス部は，97

であることがわかる．

　ここで，ネットワークアドレスはホストアドレス部の値をすべて「0」にしたもの，ブロードキャストアドレスは，ホストアドレス部の値をすべて「1」にしたものという定義に照らし合わせると

　　　ネットワークアドレス　　　：192.168.156.0

　　　ブロードキャストアドレス：192.168.156.255

と求めることができる．

　1つのIPアドレスをネットワークとホストの識別にうまく利用するためにクラスが設定されているが，実際問題としては，もっとフレキシブルにそれらの数を決めたいという利用シーンもある．これを実現する方法として，図10.3 に示す**サブネット化**という技術が使用されている．

　たとえば，クラスCの場合，192.168.1.0というネットワークがあるとすると，ホストは254台接続できる．しかし，ホストがそれほど多くないため，ホスト数を確保するよりもより細かくネットワークを区別したい場合もある．その際には，たとえば，そのネットワークを2つに区切り，より小さなネットワークとして識別させることができる．

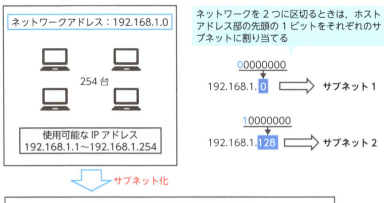

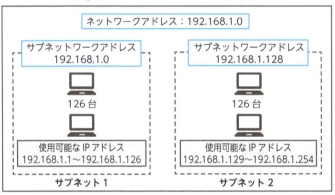

図 10.3 サブネット化（クラス C）

具体的には，図 10.4 に示す**サブネットマスク**というものを設定し，計算により，ネットワークアドレスとホストアドレスの個数の調整を行う．サブネットマスクは，IP アドレスの先頭からネットワークアドレスとして扱いたい部分の桁数分を「1」とし，残りを「0」としたビット列として表現され，このサブネットマスクと元の IP アドレスとの論理積（AND）をとることでサブネット化された**サブネットワークアドレス**が設定される．

なお，サブネットマスクを表現する方法として，**プレフィックス表記**（classless inter-domain routing：**CIDR**）というものがある．これは，IP アドレスの後に「/」を挿入し，その後にサブネットマスクの「1」の桁数を記載する方法である．たとえば，IP アドレスが 192.168.1.1，アドレスマスクが 255.255.255.0 の場合，192.168.1.1/24 と表現する．

図10.4 サブネットマスク

> **例題 10.2**

CIDRにおけるIPアドレスが192.168.156.97/22であった場合，ネットワークアドレスとブロードキャストアドレスを答えよ．

> 例題 10.2 の解答

　IPアドレスが192.168.156.97，サブネットマスクの「1」の桁数が22であることから，IPアドレスの先頭から8ビット×2の16ビット分は影響がないことがわかる．そこで，2進数で表現することの手間を省くため，その部分は10進数のままで表現を変換すると，

　　　IPアドレス　　　：192. 168. 1001 1100. 0110 0001
　　　サブネットマスク：255. 255. 1111 1100. 0000 0000

とすることができる．ここで，後半16ビット分の箇所のIPアドレスとサブネットマスクとの論理積（AND）をとると

　　　192. 168. 1001 1100. 0000 0000

となり，ネットワークアドレスは，192.168.156.0と求めることができる．また，ブロードキャストアドレスとは，ホストアドレス部の値をすべて「1」にしたものであることから

　　　192. 168. 1001 1111. 1111 1111

となり，ブロードキャストアドレスは，192.168.159.255と求められる．

10.2 インターネットの中核的なしくみ

IPアドレスは，ネットワークを識別するためのネットワークアドレス部と端末を識別するためのホストアドレス部とで構成されていることはすでに述べたとおりである．このIPアドレスは，基本的には世界で唯一固有の番号であり，いわば私たちの生活における住所と同じである．インターネットに接続するためには，このIPアドレスが必要であり，**グローバルIPアドレス**と呼ばれている．しかし，32ビットで表現されるIPv4には限りがあり，実際，世界中でたくさんの情報端末が利用されることとなり，その番号は枯渇してしまった．

この問題を解決する1つの方法として，**プライベートIPアドレス**の導入がある．これは，インターネットに直接的にはつながらない**イントラネット**（**LAN**）内だけで通用するIPアドレスであり，自由にその番号を設定することができる．これでIPv4のIPアドレス枯渇問題をどのように解消できるかであるが，インターネットの世界に出ない内部での情報通信には，このプライベートIPアドレスを利用し，インターネットの世界に出る際には，その出口に設置されているルータに設定されているグローバルIPアドレスを借りて，インターネットの世界に情報発信するという操作を行う．この機能を**NAT**（network address translation：**ネットワークアドレス変換**）と呼ぶ．つまり，限りあるグローバルIPアドレスをみんなでシェアすることで，グローバルIPアドレスを有効活用し，枯渇問題を回避しようとする方法である．

なお，プライベートIPアドレスは，基本的には自由に設定することができるが，表10.2に示すように，クラスごとに推奨される番号がガイドラインとして公開されている．通信機器を製造・販売する企業においては，不具合が生じることのないよう，このガイドラインに準拠して工場出荷時に入念なチェックを行っている．そのため，このガイドラインを逸脱した設定を行うと問題が生じる可能性は否定できないため，お勧めできない．

表10.2　クラスごとのプライベートIPアドレス

クラス	使用可能な範囲
A	10.0.0.0 ～ 10.255.255.255
B	172.16.0.0 ～ 172.31.255.255
C	192.168.0.0 ～ 192.168.255.255

10.2.2　IPv4 と IPv6 の関係

IPv4 の IP アドレス枯渇問題の他の解決方法としては，**IPv6** の導入がある．先に説明したように，IPv4 の IP アドレスは 32 ビットで構成されており，表現可能なアドレス数は約 43 億個になる．80 億人もの人々が地球上には存在しており，このアドレス数では到底足りない．そこで，IP アドレスの桁数を 128 ビットに増やした IPv6 が導入されている．この IPv6 では，約 340 澗（340 × 10^{36}）個ものアドレスを表現可能であり，今後も十分な個数が確保されているといわれている．

IPv4 では，8 ビットをひとかたまりとして 4 つの 10 進数の数値で IP アドレスを表現したが，IPv6 では，16 ビット区切りで 16 進数 4 桁ごとにコロン「:」で区切る形で表現する．

2001:0db8:1000:0200:0030:0004:0000:0abc
2001:db8:1000:200:30:4:0:abc　⇐先頭の 0 は省略可能

現在は IPv4 と IPv6 が混在している状況であり，私たち一般消費者の手元にある端末は，まだ IPv4 が設定されて運用されていることが多い．一方，サーバやクラウドなどの直接私たちが接しない機器については，IPv6 が導入されていることが多い．そのため，図 10.5 のように，IPv4 と IPv6 の両方に対応した**デュアルスタック**や，IPv6 にのみ対応しているため IPv4 を使用する際には，一度 IPv4 に変換してから接続する**シングルスタック**，IPv6 のパケットを IPv4 のパケットに埋め込んで通信を実現する**トンネリング**などといった技術が用いられ，世の中が混乱しないような工夫がなされている．

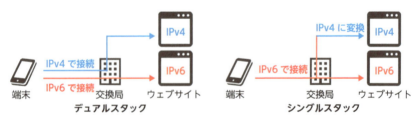

図 10.5　IPv4 と IPv6

10.3 たくさんのコンピュータをネットワークにつなげるためのしくみ

　ルータは，10.2.1 項で説明したように，プライベート IP アドレスとグローバル IP アドレスの変換を行い，グローバル IP アドレスをネットワーク内の皆でシェアしながらインターネットができる環境を提供してくれる．しかし，ルータの機能はこれだけではない．OSI 基本参照モデルの第 3 層のネットワーク層ならびに TCP/IP モデルの第 2 層のインターネット層の機能として，IP アドレスに基づいてデータを転送する際に，最適な中継経路を選択することで，長距離間のネットワーク構築を実現している．この作業を**ルーティング**と呼ぶ．イメージを図 10.6 に示す．

　ルーティングには，各ルータで独立にルート選択を行う**ホップバイホップルーティング**と，送信元の端末が独自にルートを決定する**ソースルーティング**の方式がある．ルーティングは，車でいうところのカーナビにあたるものと捉えることができる．出発地点から目的地点までの経路は，さまざまなルートを考えることができる．できるだけ早く到着したいとか，右左折がなるべく少ない安全なルートとか，低価格にしてほしいとか，ユーザにはさまざまな要求がある．適宜それに応えて，最適な経路を見つけ出すのがカーナビの役割である．この最適なルートを見つけるためには，さまざまなアルゴリズムを用いることになるが，ルーティングでも同じように，ルーティングプロ

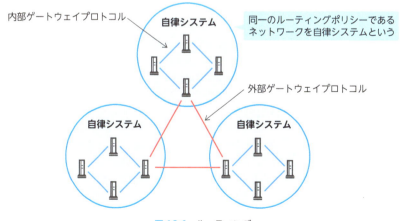

図 10.6　ルーティング

トコルが存在する.

　最も簡単な方法は，ネットワークの状況にかかわらず，ルートを固定する非適応型である．この場合，ルータが故障していたり，回線が混んでいたりするとうまく通信できず，効率的とはいいがたい．そこで，ネットワークの状況に応じて適宜ルートを変更する適応型の手法が効果的だと思われる．この適応型のプロトコルとして有名なものとしては，**距離ベクトル方式**である **RIP**（Routing Information Protocol，内部ゲートウェイ用）や **BGP4**（Border Gateway Protocol 4，外部ゲートウェイ用），**リンク状態方式**である **OSPF**（Open Shortest Path First，内部ゲートウェイ用）などがある.

　距離ベクトル方式とは，データが通過するルータの数（**ノード数**または**ホップ数**）が最小になるルートを選択する方法であり，隣接するルータとのみ周期的に距離を測定し利用する．一方，リンク状態方式とは，伝送速度や通信方式などをコストとして計算し，コストが最小になるルートを選択する方法であり，すべてのルータの状況を測定し利用する.

章末問題

10.1 次の選択肢の IP アドレスのうち，同一のサブネットに属するものを 1 つ選びなさい．なお，サブネットマスクは 255.255.255.240 とする．

【解答群】
　　ア．192.168.1.12 と 192.168.1.18
　　イ．192.168.1.18 と 192.168.1.29
　　ウ．192.168.1.29 と 192.168.1.34
　　エ．192.168.1.34 と 192.168.1.49

10.2 192.168.0.0/23 のネットワークにおいて，ホストとして使用可能なアドレスの個数を求めなさい．

10.3 16 進数表記を 4 文字ずつコロンで区切るアドレス表記法で表現されるものは何か答えなさい．

10.4 プライベート IP アドレスとグローバル IP アドレスを相互に変換する機能とその機能を有する装置は何か答えなさい．

データを確実に送受信するためのしくみ
データ通信

インターネットは TCP と IP という 2 つのプロトコルを中心に実現されていることを見てきたが，実際にデータ通信を行う際には，そのデータを電気信号としてやり取りすることになる．このデータを電気信号に変換する際，むやみに変換してしまうとデータを復元することができず，結果として通信速度の低下を招くことになってしまう．そこで本章では，効率よく，確実にデータを送受信するためのしくみについて解説する．

11.1　送受信するときの速度

　データ通信を行う際には，いかに速く相手に届くかが重要な要件となる．**通信速度**をいかに上げることができるのかに対して，さまざまな技術開発が行われている．まずは，その通信速度の計算方法について見ていくことにする．

　通信速度は，1 秒間に何桁の 2 進数を送れるかを示す**ビットレート**（**ビット速度**，**転送速度**）という指標で評価されることが多い．単位は **bps**（bit per second）と表現され，これは「ビット / 秒」のことである．

　非常にわかりやすく，単純な指標であるが，現実的には，それだけでは本当の意味での通信速度はわからない．なぜなら，この通信速度はあくまでその通信回線の理論値，つまりベストな状態での通信速度でしかない．実際には雑音や混雑具合などの影響により，通信速度は理論値よりも低下する．そこで，通信回線の容量に対する伝送可能な容量の割合である**回線利用率**を考えて，実際に即した通信速度を考える必要がある．回線利用率は次式で算出することができる．

$$回線利用率 = \frac{実際の伝送容量}{最大伝送容量} \times 100$$

11.1 送受信するときの速度

例題 11.1

端末 A から端末 B へデータを送信するとき，この端末間の最大通信速度は 100 Mbps であったとする．この場合

① 250 MB のデータを伝送した際に 1 分 40 秒の時間を要したときの回線利用率を求めよ．

② ①でデータ送信に 5 分 20 秒を要するとき，送信したデータは何 GB か求めよ．

例題 11.1 の解答

① の解答

まず，計算しやすいように，送信したデータ量とそれに要した時間の単位を変換する．

送信したデータ量：250 MB ＝ 250 MB × 8 bit/byte ＝ 2000 Mbit

送信に要した時間：1 分 40 秒＝ 100 秒

今回利用する通信回線の最大通信速度は 100 Mbps であるため，データの送信にかかる理論値的な時間は

$$\frac{2000 \text{ Mbit}}{100 \text{ Mbps}} = 20 秒$$

となる．しかし，実際には 100 秒かかってしまっていることから

$$\frac{20 秒}{100 秒} = 0.2$$

と算出される．つまり，回線利用率は 20% ということになる．

② の解答

①の状況下において回線利用率は 20% であることから，実際の通信速度は

100 Mbps × 20% ＝ 100 Mbps × 0.2 ＝ 20 Mbps

ということになる．このとき，データの送信に 5 分 20 秒を要したことから，送信したデータ量は，

20 Mbps × 5 分 20 秒＝ 20 Mbps × 320 秒＝ 6400 Mbit ＝ 800 MB

＝ 0.8 GB

と算出される．

155

第 11 章　データを確実に送受信するためのしくみ データ通信

11.2　安心・安全に送受信するための交通整理

データ通信を行う際には，先にあげた通信速度はもちろんであるが，いかに確実にデータを相手に届けることができるのかも重要な要件である．正しくデータが届けられなければ，そのデータを解読することができなくなり，再送してくれるよう送信元に要求する必要が出てくる．つまり，何度も同じデータを送受信することにつながり，結果として通信速度の低下を招いてしまう．そこで，端末間で確実に効率的にデータ伝送を行うために**伝送制御**が行われている．なお，これは OSI 基本参照モデルの第 2 層であるデータリンク層，TCP/IP モデルの第 1 層であるネットワークインターフェース層での処理内容になる．

伝送制御には，1 文字入力するたびにデータを送信するという伝送制御手順をもたない**無手順**という方法もあるが，送信側と受信側の動作タイミングを合わせる**同期**という操作を行う**有手順**が一般的である．

同期には，電気信号の波形の中に密かに同期を行うために使用する特殊なビット信号を潜ませ，それを検出することで同期を行う**ビット同期**や，文字を使って同期する**キャラクタ同期**，**フレーム同期**などがある．なお，ビット同期は，身近なところではテレビの受信時に利用されている．

11.2.1　ベーシック手順

有手順の 1 つの方式に，**ベーシック手順**というものがある．おもに 1960 年代に使用された古典的な手法である．ベーシック手順では，キャラクタ同期を採用し，ビット列からキャラクタ（文字）を検出することで同期を実現している．方法としては，1 文字ごとにタイミングをとり直す**調歩方式**も考えられるが，実際には，表 11.1 に示す 10 種類の**伝送制御文字**（transmission control character：**TCC**）を用いる **SYN**（synchronous idle）**同期**を行っている．伝送制御文字が JIS7 ビット符号表に入っていることからもわかるように，これらの 10 種類の伝送制御文字は，れっきとした文字である．10 種類それぞれの機能については，表 11.2 に示す．

11.2　安心・安全に送受信するための交通整理

表 11.1　JIS7ビット符号表における伝送制御文字

					SHIFT IN 側								SHIFT OUT 側							
				b7	0	0	0	0	1	1	1	1	0	0	0	0	1	1	1	1
				b6	0	0	1	1	0	0	1	1	0	0	1	1	0	0	1	1
				b5	0	1	0	1	0	1	0	1	0	1	0	1	0	1	0	1
b4	b3	b2	b1		0	1	2	3	4	5	6	7	0	1	2	3	4	5	6	7
0	0	0	0	0	NUL	(TC$_7$)DLE	SP	0	@	P	`	p	NUL	(TC$_7$)DLE	SP	ー	タ	ミ		
0	0	0	1	1	(TC$_1$)SOH	DC$_1$	!	1	A	Q	a	q	(TC$_1$)SOH	DC$_1$	。	ア	チ	ム		
0	0	1	0	2	(TC$_2$)STX	DC$_2$	"	2	B	R	b	r	(TC$_2$)STX	DC$_2$	「	イ	ツ	メ		
0	0	1	1	3	(TC$_3$)ETX	DC$_3$	#	3	C	S	c	s	(TC$_3$)ETX	DC$_3$	」	ウ	テ	モ		
0	1	0	0	4	(TC$_4$)EOT	DC$_4$	$	4	D	T	d	t	(TC$_4$)EOT	DC$_4$	、	エ	ト	ヤ		
0	1	0	1	5	(TC$_5$)ENQ	(TC$_8$)NAK	%	5	E	U	e	u	(TC$_5$)ENQ	(TC$_8$)NAK	・	オ	ナ	ユ		
0	1	1	0	6	(TC$_6$)ACK	(TC$_9$)SYN	&	6	F	V	f	v	(TC$_6$)ACK	(TC$_9$)SYN	ヲ	カ	ニ	ヨ		
0	1	1	1	7	BEL	(TC$_{10}$)ETB	'	7	G	W	g	w	BEL	(TC$_{10}$)ETB	ア	キ	ヌ	ラ		
1	0	0	0	8	FE$_0$(BS)	CAN	(	8	H	X	h	x	FE$_0$(BS)	CAN	イ	ク	ネ	リ		
1	0	0	1	9	FE$_1$(HT)	EM	)	9	I	Y	i	y	FE$_1$(HT)	EM	ウ	ケ	ノ	ル		
1	0	1	0	A	FE$_2$(LF)	SUB	*	:	J	Z	j	z	FE$_2$(LF)	SUB	エ	コ	ハ	レ	未定義	
1	0	1	1	B	FE$_3$(VT)	ESC	+	;	K	[	k	{	FE$_3$(VT)	ESC	オ	サ	ヒ	ロ		
1	1	0	0	C	FE$_4$(FF)	IS$_4$(FS)	,	<	L	\	l			FE$_4$(FF)	IS$_4$(FS)	ヤ	シ	フ	ワ		
1	1	0	1	D	FE$_5$(CR)	IS$_3$(GS)	-	=	M	]	m	}	FE$_5$(CR)	IS$_3$(GS)	ユ	ス	ヘ	ン		
1	1	1	0	E	SO	IS$_2$(RS)	.	>	N	^	n	~	SO	IS$_2$(RS)	ヨ	セ	ホ	゛		
1	1	1	1	F	SI	IS$_1$(US)	/	?	O	_	o	DEL	SI	IS$_1$(US)	ッ	ソ	マ	゜		DEL

表 11.2　ベーシック手順で使用する伝送制御文字の機能

名称	略号	機能
ヘディング開始	SOH	メッセージのヘディング部分（ヘッダー）の開始を示す
テキスト開始	STX	テキスト部分の開始，またはヘディングの終了を示す
テキスト終結	ETX	テキスト部分の終結を示す
伝送終了	EOT	伝送が正常に完了したことを示す
問合せ	ENQ	相手に対して応答を要求する
肯定応答	ACK	受信内容が正常に伝送されたことを肯定的に応答する
伝送制御拡張	DLE	特殊な伝送制御機能の使用を示す
否定応答	NAK	受信内容が誤っている，または再送が必要なことを示す
同期応答	SYN	文字の同期を確立するために使用する
伝送ブロック終結	ETB	伝送ブロックの終結を示す

　これらの10種類の伝送制御文字を利用して，タイミングを計りながらデータの送受信をしている．たとえば，データを送る際には，図 11.1(a) のように，送信データの中でSTX と ETX に挟まれた部分が実際に送りたいメッセージにあたる部分であることが一目瞭然でわかるようになっている．また，長いメッセージの場合は，図 (b) のようにその部分を分割して送信することも

第11章 データを確実に送受信するためのしくみ データ通信

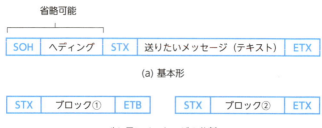

図 11.1　ベーシック手順のデータ形式

できる．なお，簡単な誤り訂正ができるように，2.3.3 項で説明したパリティビットをデータの最後に付加している．これにより，水平垂直パリティチェックを行うことができる．

　実際のデータの送受信時のやり取りのイメージを図 11.2 に示す．送信側から受信側にデータを送信する前に ENQ が送られ，問い合わせが行われる．それに対し，受信側から ACK という OK という返事があってから初めてデータの送信が始まる．途中，うまく受け取れなかった場合には，ACK ではなく NAK という失敗した旨を示す返事が返ってくることもある．その際には，も

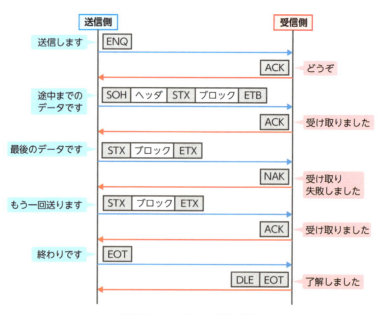

図 11.2　ベーシック手順の動作

う一度同じデータを再送することとなる．最後までデータを送信し終われば，これで終わり，了解しましたというやり取りをもってデータ伝送が終了する．なお，図11.2には記載が省略されているが，同期をとるためにデータの最初を示す SOH や STX の前に，SYN という伝送制御文字を2回以上入れる約束になっている．このことから，このベーシック手順で用いられている同期方式は SYN 同期と呼ばれている．

11.2.2　HDLC 手順

　もう1つ有名な有手順方式として，**HDLC**（High-Level Data Link Control）**手順**というものがある．現在最も広く使用されている手順であり，フレーム同期を行う．先に説明したベーシック手順は，非常に簡単なしくみで実現されているが，じつは大きな問題がある．それは，伝送制御文字というキャラクタ（文字）を利用して同期をとっているため，実際に送りたいメッセージの中にこの同期を行うための伝送制御文字が入っていると，メッセージの途中で同期信号を誤検出してしまい，正常な通信が実現できなくなってしまう．そのため，実際に送りたいメッセージとして伝送制御文字は絶対に送信することができない．

　文字データのことだけを考えれば，この伝送制御文字をメッセージとして送らなければよいという話になるが，実際には音声や画像などさまざまな形式のデータを送受信することになる．そのため，意図していなくても偶然，伝送制御文字を示すビットパターンがそれらのデータの中に存在してしまう危険性がある．

　そこで現在では，任意のあらゆるビットパターンを送受信できるフレーム同期が，HDLC 手順では利用されている．具体的には，図 11.3 のように，「01111110」という6個の「1」を「0」で挟んだ形の8ビットで構成されるビットパターンをフレームの最初と最後に配置することで，フレームの区切り目を表現している．これにより，実際に送りたいメッセージ部分にも任意のビットパターンのデータを設定することができる．

　しかし，よく考えてほしい．結局，フレームの最初と最後を検出するために「01111110」というビットパターンを用いていることから，実際に送りたいメッセージに「01111110」というビットパターンが入っていると，ベーシック手順と同じように誤作動を起こしてしまう．そこで，実際に送りたいメッ

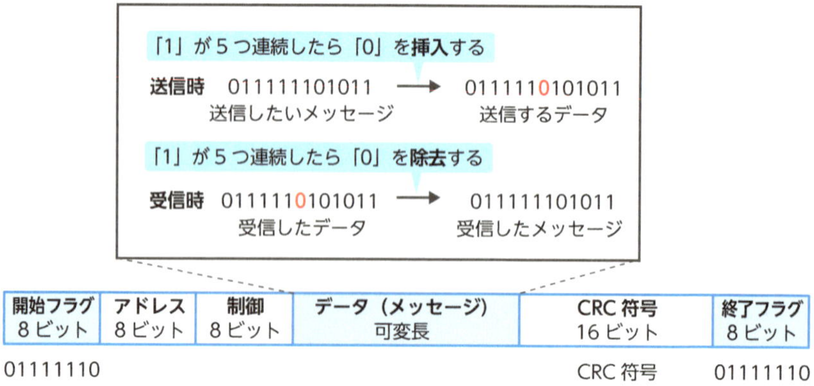

第11章 データを確実に送受信するためのしくみ データ通信

```
「1」が5つ連続したら「0」を挿入する
送信時  011111101011  ───→  011111 0 101011
        送信したいメッセージ           送信するデータ

「1」が5つ連続したら「0」を除去する
受信時  011111 0 101011  ───→  011111101011
        受信したデータ              受信したメッセージ
```

開始フラグ 8ビット	アドレス 8ビット	制御 8ビット	データ（メッセージ） 可変長	CRC符号 16ビット	終了フラグ 8ビット
01111110				CRC符号	01111110

図11.3 HDLC手順のフレーム同期

セージ部分のビットパターンで「1」が5つ連続したら，送信時に「0」を挿入し，受信時にはその「0」を除去するという回避方法が取られている．これで，安心してさまざまなビットパターンのデータを送受信することができる．なお，HDLC手順でも誤り訂正ができるように，ベーシック手順の水平垂直パリティチェックよりも強力な，2.3.4項で説明したCRC符号が用いられている．

　ベーシック手順とHDLC手順の違いを表11.3にまとめている．参考にしてほしい．

表11.3 ベーシック手順とHDLC手順の比較

比較内容	ベーシック手順	HDLC手順
適用回線	最大9600 bpsの低速回線に適用	2400 bps以上の中高速回線に適用
伝送符号	JIS7単位符号	特定なし
伝送制御	10種類の伝送制御文字を用いる	コマンドとレスポンスによる制御
データ単位	固定長のブロック（8ビット単位）	可変長のフレーム（ビット単位）
誤り制御方式	水平パリティ，またはCRC方式を選択可	つねにCRC方式を使用
同期方式	SYN方式による同期	フレームに基づく同期
通信方式	半二重，または全二重（拡張モード含む）	つねに全二重
データ送信の連続性	各ブロック送信後に応答が必要	最大8フレームまでの連続送信が可能
おもな用途	文字データの通信に適している	ビットデータの通信に最適

160

11.3 アナログからデジタルに変換する方法

　第 1 章や第 2 章において，アナログ情報をデジタル情報に変換する符号化，第 7 章でその逆を復号と呼ぶことは説明した．同じように，アナログとデジタルの変換には，もう 1 つの操作がある．それは，アナログ信号をデジタル信号に変換する操作である．これを**変調**，その逆を**復調**と呼ぶ．データ通信をする際には，データを信号としてやり取りすることとなり，いわゆる波の原理を使うこととなる．たとえば，スマートフォンや携帯電話などで使われている電波によるワイヤレス通信をイメージしてもらうとわかりやすい．電波はその名のとおり，電気の波である．その特性を理解し，うまく利用することで，安心・安全に，効率よくデータ通信することを実現しているのである．

11.3.1 波の原理と不思議

　変調の話をする前に，まずは波の特性を知っておいてほしい．図 11.4 に波のイメージを示す．おもりをグルグルと回した際にできる軌道を横軸方向に伸ばして表現すると，いわゆる，sin や cos の波としてその軌道は描かれることになる．縦軸方向の波の揺れの大きさを**振幅**，山から山までの時間を**周期**と呼ぶ．また，周期の逆数，つまり 1 秒間での波の振動数を**周波数**と呼ぶ．また，おもりを水平方向から回し始めるのか，または，垂直方向から回し始めるかで，軌道として描かれる波形は sin や cos に変化することになる．この違いが**位相**である．これら振幅，周波数，位相が，波の三大要素である．

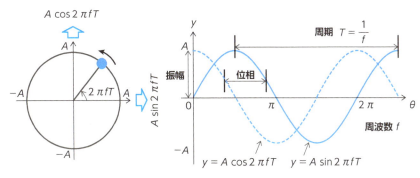

図 11.4　波の軌道と要素

第11章 データを確実に送受信するためのしくみ データ通信

波の特徴としては，**合成**できることがあげられる．図 11.5 に示すように，どんなに複雑な波でも，複数の波を合成することで，その波を表現することができる．図 11.5 では，デジタル信号のようなカクカクした矩形波（パルス信号）というものが描かれているが，この矩形波であったとしても，さまざまな形の波を上手く合成することで表現することができる．

また，これとは逆に，合成された波を**分解**することもできる．図 11.6 に示すのは**スペクトル**といわれるもので，どのような周波数の波がどれぐらい含まれているのかを示したものである．たとえば，音声や脳波といった複雑な波を解析する際には，**スペクトル解析**といわれる処理を行い，その音声や

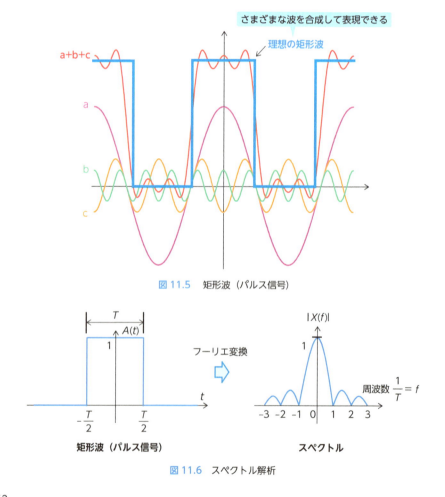

図 11.5 矩形波（パルス信号）

図 11.6 スペクトル解析

脳波に含まれる波の成分を分解し，細かく見ることで，その特徴を捉えることが行われる．

11.3.2　いろんな変調方式

変調を行うには，波の特性を利用することになる．最も簡単な方式は振幅を利用した**振幅偏移変調方式**(amplitude-shift keying：**ASK**)である．図11.7(a)のように，たとえば，振幅があるところを「1」，ないところを「0」として表現する方法である．非常に簡単ではあるが，その代わり雑音に弱いという特徴をもつ．

なお，同じように振幅を用いてアナログ情報をアナログ信号に乗せる方法もある．これを**振幅変調方式**（amplitude modulation：**AM**）と呼ぶ．ラジオのAM放送で利用されている方法である．

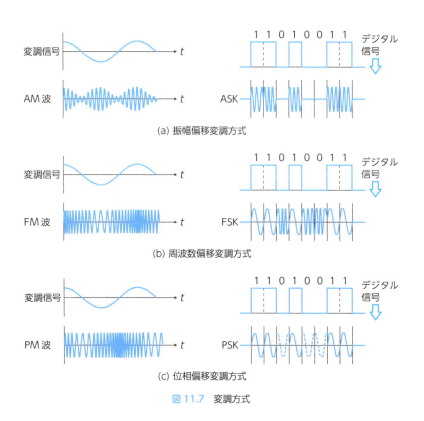

図 11.7　変調方式

振幅を利用した変調は雑音に弱いが，周波数を使えば雑音に強くすることができる．この方式を**周波数偏移変調方式**（frequency-shift keying：**FSK**）と呼ぶ．図 (b) のように，たとえば「1」はゆっくりと揺れる（周波数が低い）波，「0」は激しく揺れる（周波数が高い）波として表現する．

なお，ASK と AM との関係と同じように，FSK に対して **FM**（frequency modulation）という**周波数変調方式**もある．これは，ラジオの FM 放送で利用されている方式であり，AM よりも雑音に強いことから，AM 放送の音声はモノラルであるのに対し，FM 放送の音声はサラウンドになっている．このことから，AM よりも FM のほうがより多くの情報を伝送できていることがうかがえる．

さらに，もっと雑音に強い方式としては，位相を利用した**位相偏移変調方式**（phase-shift keying：**PSK**）がある．もちろんこれまで同様，**位相変調方式**となる **PM**（phase modulation）も存在している．図 (c) のように，たとえば，sin 波で「1」を，cos 波で「0」を表現する．

位相変調方式は，最も雑音に強く，同一周波数帯域で高効率にデータ伝送を実現することが可能である．これはどういうことかというと，位相は雑音の影響を非常に受けにくいという特性から，図 11.8 のように，位相の差を細かく設定することができるということである．たとえば，図 (a) では，0°と 180°の位相を使っている．この場合，受信する信号は 2 種類ということになり，つまりは，「1」か「0」かを受信することになる．これを **2 相位相変調**と呼ぶ．

ここまでは，振幅変調や周波数変調でも同じである．違いはここからで，

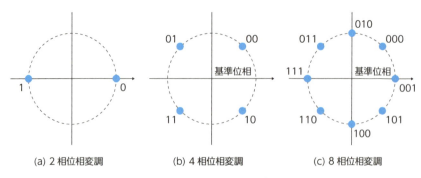

(a) 2 相位相変調　　(b) 4 相位相変調　　(c) 8 相位相変調

図 11.8　位相変調方式と送信ビット数

11.3 アナログからデジタルに変換する方法

たとえば図(b)のように，45°，135°，225°，315°の位相を使うと，4種類の信号を受信することになる．つまり，1つの波を受信すると，それは，4つのうちのどれか，たとえば，「00」か「01」か「11」か「10」のどれかであるといえる．これを**4相位相変調**と呼ぶ．同じように，さらに細かく位相を設定すれば，図(c)のように**8相位相変調**もつくることができる．

これの何が嬉しいのかというと，1つの波が表現する情報量が増えることになり，たとえば3ビットの情報を送る場合，2相位相変調では3つの波が必要になるが，8相位相変調ではたった1つの波で十分である．つまり，伝送効率が上がり，結果として通信速度を向上させることができるのである．

このように，波の特性を上手く利用して，いかに都合よく，効率よくデータ伝送できるかが考えられている．しかし，人間は貪欲である．さらにもっと効率よく，高速に通信したいという欲求が出てくる．そこで，現在の携帯電話やスマートフォンでは，さらに進化した**直交振幅変調方式**（quadrature amplitude modulation：**QAM**）が利用されている．この方式では，図11.9のように，振幅と位相を同時に利用することで，雑音にも強く，より高効率にデータ伝送することを実現している．

ここで気になるのは，振幅は雑音に非常に弱いということである．しかし，図11.9をよく見てほしい．たとえば，「0000」と「0101」を表現する45°の

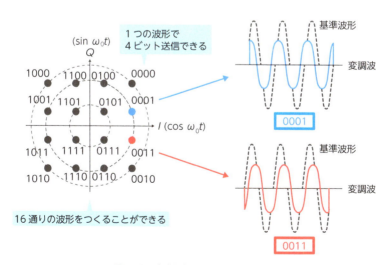

図11.9　直交振幅変調方式（16QAM）

第 11 章　データを確実に送受信するためのしくみ データ通信

位相の波を利用した部分では，振幅の小さいものと大きなものを利用し，中程度の振幅は利用しないようにしている．つまり，雑音の影響を受けても位相はズレないことから，振幅に大きな差をもたせて，受信した信号の振幅が多少前後しても間違って解釈することがないようにしているのである．

　この直交振幅変調方式は，私たちが使っている携帯電話やスマートフォンにおいて，4G（第 4 世代通信システム）では 64 相，5G（第 5 世代通信システム）では 256 相もの直交振幅変調で使われている．つまり，それぞれ 1 つの波で 6 ビットや 8 ビットもの情報が一気に送られることになっており，通信の高速化の一翼を担っている．

11.3.3　変調と通信速度

　11.1 節で説明したように，通信速度は 1 秒間に何桁の 2 進数を送れるかで評価されることが多く，回線利用率も考慮する必要がある．ただ，実際の環境下においては，これだけではなく，変調も通信速度に関係してくる．

　ここまで見てきたように，どのような変調方式を利用しているかによって，それが通信速度に影響を及ぼす．また，この変調が 1 秒間に何回行われているかも通信速度に直結し，**ボー**（**baud**）という単位でそれを示すことがある．実際には，変化点から変化点までの時間 t〔秒〕を逆数にした

$$B = \frac{1}{t}$$

という式で**変調速度** B は算出される．

例題 11.2

図 11.8(b) の 4 相位相変調を利用することを考える．ここで，変化点から変化点までの時間が 1/1200 秒であるとき，この通信速度を求めよ．

例題 11.2 の解答

　$t = 1/1200$ 秒であることから，変調速度 B は，t の逆数である 1200 ボーとなる．

　ここで，今回の通信では 4 相位相変調が使用されるため，1 つの波で 4 つの状態を区別することができる．つまり，1 回の変調で 2 ビットの情報を送信することが可能である．よって，通信速度は

　　　1200 ボー × 2 bit = 2400 bit/s = 2.4 kbps

と求めることができる．

166

11.3.4 多重伝送技術

11.3.2項で説明したように，携帯電話やスマートフォンにおいて，4Gでは64相，5Gでは256相もの直交振幅変調が行われている．ここで気になることはないだろうか．直交振幅変調方式では，振幅と位相という波の特性が利用されている．では，残る1つの特性である周波数はどこで利用されているのだろうか．それは，**多重伝送**という技術で用いられることになる．

多重伝送とは，1本の伝送路を用いて複数の通信の信号を重ね合わせて伝送する方法である．図11.10(a)にあるように，1本の伝送路を占有して，それ専用で通信することはもちろんできる．たとえば，各国の首脳どうしが通信するような，超重要で機密性を最大限に担保したい場合には，それ専用の伝送路を用意し，使用することもある．しかし，日常生活においては，それほどの設備は必要ではないと思われる．費用をかけて専用回線を複数用意するよりも，1本の通信回線を皆でシェアしたほうが効率は良く，費用も安く済む．

そこで活躍するのが，この多重伝送である．多重伝送では，図(b)のように1本の伝送路を共用利用する．多重方式には，**チャネル分割多重**や**パケット多重**，**符号分割多重**，**波長多重**などがあるが，ここではその概念がつかみやすいチャネル分割多重について説明する．

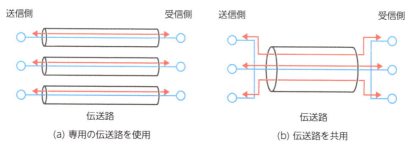

図11.10　多重伝送

チャネル分割多重には，**周波数分割多重**（frequency-division multiplexing：FDM）と**時分割多重**（time-division multiplexing：TDM）の2種類がある．ここで，周波数という波の特性が利用されているのである．周波数分割多重は，図11.11にあるように，振幅や位相を利用して変調した信号の周波数を少し

第11章　データを確実に送受信するためのしくみ　データ通信

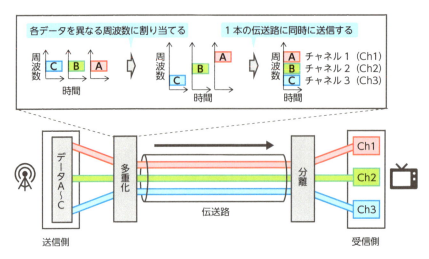

図 11.11　周波数分割多重（FDM）

ずつずらし，互いの信号が重ならないようにして，1本の伝送路に複数のデータ信号を流す方法である．たとえば，テレビの電波は，アンテナで受信し，同軸ケーブルを通ってテレビにまでやってくる．ここで，チャネルを合わせることで，そのチャネルのテレビ放送を見ることができる．このチャネルが，すなわち，そのテレビ放送に割り当てられている周波数ということである．

　一方，時分割多重では，時間を少しずつずらして，互いの信号が重ならな

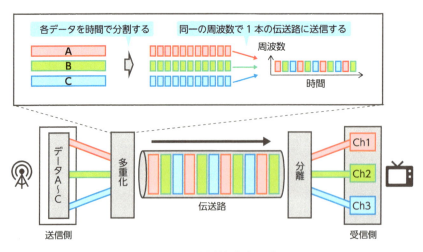

図 11.12　時分割多重（TDM）

168

11.3　アナログからデジタルに変換する方法

いようにする方法である．図 11.12 にそのイメージを示す．こちらもテレビ放送で用いられており，国内の地上波テレビ放送では周波数分割多重が，米国や欧州のテレビ放送では時分割多重が採用されている．

▌ Column

費用対効果

　波の特性を利用した伝送技術で，いかに速く，安定して電波による通信が確立しているかイメージできるようになったかと思う．私たちが契約している携帯電話やスマートフォンも同じ技術を使っており，契約する会社や契約内容によって，通信可能エリアや通信速度，利用できるパケット容量などが異なる．

　基本的には，利用している電波の周波数が高ければ高いほど，1 秒間の波の数が増える，つまり ON と OFF，「1」と「0」の回数が増えるため，通信速度は速くなる．また，周波数が高いと波の直進性が向上するという特性をもつことになる．一方，逆に周波数が低いと通信速度は遅くなり，波は曲がりやすくなる．

　この情報を聞くと，ついつい高い周波数を使っている通信のほうが優秀であるかのように感じるが，じつはそうともいい切れない．私たちは屋外で携帯電話やスマートフォンを利用することもあるが，屋内で利用することももちろんある．特に屋内の場合，部屋の中まで電波が入ってきてくれないと，通信することはできない．このとき，電波の周波数が高く，直進性が高すぎると，壁に当たったり，遮られたりして部屋の中まで電波が届きにくくなってしまうのである．一方でじつは，低い周波数の電波は，通信速度は遅いが，その分曲がりやすいため，屋内ではこちらの電波のほうが届きやすいのである．

　「プラチナバンド」などと銘打った広告などを目にしたことがあるかと思うが，あれは低い周波数帯域を利用できるようになり，屋内でも携帯電話やスマートフォンがつながりやすくなりましたということである．一見，「プラチナ」などという文言を聞くと，ついつい通信速度が速くなったという意味合いに聞こえてしまうかもしれないが，そのようなことではない．

　このように，嘘をつく気がなくても，受け取り手の知識により，誤解して受け取られてしまうこともある（そして，それを狙っている広告がある気が

第11章　データを確実に送受信するためのしくみ　データ通信

する……）．しっかりと内容を知り，理解して，納得したうえで契約し，受ける恩恵に対する対価を払うようにしてほしい．また，自分が利用する生活範囲や行動パターンなども考え，費用対効果の高いものを選べるようになってほしい．決して，だれかにいわれるがまま，中身を理解することなく利用したり，利用料を支払ったりしないようにしていただけたらと思う．

章末問題

11.1 10 Mbps の通信回線を利用し，1 MB のファイルを 10 秒ごとに転送するときの回線利用率を求めなさい．なお，ファイルの転送時には，転送量の 20% の制御情報が付加されるものとする．ここで，1 Mbit=10^6 bit とする．

11.2 2000 byte/ 件のデータを 2 件ずつまとめ，ヘッダ情報として 400 byte を付加して送信することを考える．このとき，100,000 件 / 時間のデータが発生し，使用する通信回線が 1 Mbps の場合，回線利用率は約何 % か求めなさい．

11.3 32QAM で送信した際，1 つの波で表現できるビット数を答えなさい．

第12章　インターネットでできること
インターネットサービス

インターネットは，私たちの生活になくてはならない存在となっているが，これまで見てきたように，さまざまなしくみを用いてこれを実現している．しかし，TCP/IP などに代表される技術だけではなく，他にもさまざまなものが存在し，それを私たちは知らず知らずのうちに利用している．そこで本章では，インターネットで利用される技術や機能，また，その応用について見ていく．

12.1　インターネットで使用できる機能

第 9 章で，企業や学校，一般家庭など，同じ敷地内で構築されたネットワークが LAN であり，離れた敷地どうしの LAN をルータという装置でつなげたものが WAN であり，最終的には全世界をつなげたインターネットになると説明した．また，LAN では，ネットワークに接続できる機器には必ず搭載されている NIC に工場出荷時点で設定されている MAC アドレスを利用して，通信が行われていることを述べた．さらに，次の第 10 章では，インターネットの世界に出ない内部での情報通信では，IP アドレスとしてプライベート IP アドレスを利用し，インターネットの世界に出る際には，その出口に設置されているルータに設定されているグローバル IP アドレスを借りて，インターネットの世界に情報発信するという NAT という機能を説明した．また，これらを整理し，カプセル化として，TCP/IP モデルのトランスポート層では，使用したアプリケーションを識別するためのポート番号が，インターネット層では，ネットワークなどを識別するための IP アドレスが，ネットワークインターフェース層では，端末を識別するための MAC アドレスが付加されデータが送信されることを説明した．

これらは一見，一連してすべて整合性がとれた話であるように感じるが，じつは 1 点，腑に落ちないことがある．LAN に接続されている端末は通常複

171

数あると思われる．しかし，それぞれの端末に設定されている MAC アドレスは，じつはインターネットの世界からはその番号を見ることができず，端末を識別することができない．また，LAN に接続されている端末に設定されている IP アドレスは，通常プライベート IP アドレスであるため，ルータの NAT 機能を用いてグローバル IP アドレスに変換してからインターネットの世界に出ることになる．これらのことから，LAN に接続された複数の端末が一斉にインターネットをした場合，皆同じグローバル IP アドレスを借りてインターネットの世界に出るため，インターネットの世界から返ってきたデータが，果たしてどの端末に向けられたものなのかをこのままのしくみだけでは正確に判断することはできないのである．

そこで，実際には NAT 機能を拡張した **NAPT**（network address port translation, または **IP マスカレード**）という機能が用いられている．図 12.1 に示すように，NAPT では，プライベート IP アドレスとグローバル IP アドレスとを変換する際に，どの端末であるのかをインターネットの世界からも識別できるように，ポート番号を併用している．

たとえば，図 12.1 のプライベート IP アドレスが「192.168.1.11」で，ポート番号が「5001」の端末から，ルータを経由してインターネットの世界に出

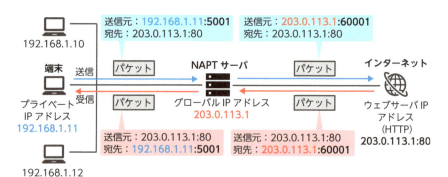

図 12.1 NAPT のしくみ

る場合，ルータがもっているグローバル IP アドレス「203.0.113.1」を借りるとともに，ポート番号を NAPT 変換リストに登録されている「60001」に変換することになる．逆に，インターネットの世界からは，データが送信されてきたルータのグローバル IP アドレスである「203.0.113.1」，ポート番号「60001」にデータが返信される．ルータでは，NAPT 変換リストを参照することで，そのデータがプライベート IP アドレス「192.168.1.11」，ポート番号「5001」の端末宛であることがわかる．これにより，インターネットの世界からも正確に LAN の中の端末を識別できるようになる．

12.1.1　ポート番号

ポート番号は，図 12.2 に示すように，通常は，IP ネットワークが使用しているアプリケーション層のプロトコルを識別するためのものである．ここでいうプロトコルとは，私たちが日常使用しているソフトウェアやアプリではなく，そのソフトウェアやアプリを実現しているもっと小さな単位の機能のことを指している．

表 12.1 に，よく利用されるアプリケーション層のプロトコルとそのポート番号を示す．このように，あらかじめよく利用されるプロトコルには，固定の番号が割り振られており，**well-known ポート**と呼ばれている．なお，well-known ポートとしては，0 番～1023 番までが使用される．

一方，NAPT において端末の識別のために使用されるポート番号としては，well-known ポートとバッティングしないように，1024 番～65535 番が利用

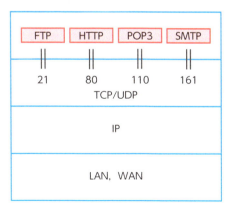

図 12.2　ポート番号 (TCP/IP モデル)

第12章　インターネットでできること　インターネットサービス

表12.1　おもなアプリケーション層のプロトコル

プロトコル	ポート番号	TCP/UDP	説明
FTP	20, 21	TCP	ファイル転送や管理を行う.
SFTP	22	TCP	FTPのセキュア版で, データを暗号化して転送する.
Telnet	23	TCP	リモートコンピュータに対するテキストベースのインタフェースを提供する.
SMTP	25	TCP	電子メールの送信に使用する.
DNS	53	TCP/UDP	ドメイン名をIPアドレスに変換するために使用する.
DHCP	67, 68	UDP	ネットワーク上のデバイスにIPアドレスを自動的に割り当てる.
HTTP	80	TCP	ウェブページの転送に使用し, サーバとクライアント間でのデータ転送を行う.
POP3	110	TCP	メールサーバからクライアントにメールをダウンロードするために使用する.
NTP	123	UDP	ネットワーク上のデバイス間で時間を同期させるために使用する.
IMAP	143	TCP	メールサーバ上のメールを管理し, アクセスするために使用する.
SNMP	161	TCP/UDP	ネットワーク機器の管理と監視を行う.
LDAP	389	TCP	ディレクトリサービスへのアクセスや操作を行うために使用する.
HTTPS	443	TCP	HTTPのセキュリティ強化版で, データを暗号化して転送を行う.

される. 詳細には, 登録ポートとして1024番〜49151番, プライベートポートとして49152番〜65535番が指定されている.

12.1.2　ファイル転送と遠隔操作

　ネットワーク上のコンピュータとファイルの受け渡し（転送）を行うプロトコルは **FTP**（File Transfer Protocol）と呼ばれ, ポート番号は20番と21番が割り当てられている. なお, FTPはセキュリティ上の問題があることから, データを暗号化して転送するポート番号22番の **SFTP** というプロトコルも存在している.

　Telnet は, ネットワーク上のコンピュータを遠隔操作するためのプロトコルであり, ポート番号は23番である.

174

12.1.3 電子メール

電子メールは，インターネット上でよく利用するアプリであるが，じつは，この電子メールを実現するためには，図 12.3 に示すように，2 種類のプロトコルが利用されている．1 つは，メールの送信を行うための **SMTP**（Simple Mail Transfer Protocol）というプロトコルであり，ポート番号は 25 番である．もう 1 つは，メールを自分のメールサーバから読み出す（受信する）ためのプロトコルであり，**POP3**（Post Office Protocol version 3）はポート番号が 110 番，**IMAP4**（Internet Message Access Protocol version 4）はポート番号が 143 番である（IMAP4 は IMAP で最も普及したバージョンである）．なお，POP3 では，自分のメールサーバに来たメールを端末にダウンロードするため，メールサーバにはそのメールは残らない．一方，IMAP4 では，自分のメールサーバに来たメールを閲覧するだけで，メールサーバにはそのメールは保存されたままとなる．

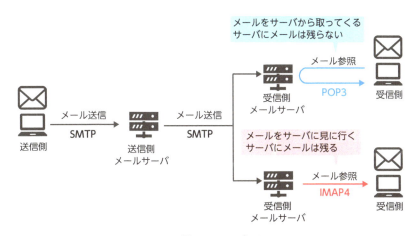

図 12.3　電子メールのプロトコル

12.1.4　WWW

インターネット（World Wide Web，**WWW**）の機能を提供してくれているプロトコルは，**HTTP**（Hypertext Transfer Protocol）であり，ポート番号は 80 番である．ウェブサイトなどを閲覧する際，ブラウザのアドレスバーに

第**12**章　インターネットでできること　インターネットサービス

「http://www.doshisha.ac.jp」などと入力することがあるが，この先頭に書かれている「http:」というのは，HTTPというプロトコルを使って通信してくださいということを指定していることになる．そのため，ブラウザは一見，ウェブサイトを閲覧するためのソフトウェアだと勘違いしがちであるが，アドレスバーにたとえば「ftp:」を指定し，ファイルの受け渡しをすることもできる．なお，HTTPはセキュリティ上の問題があり，危険であるため，クレジットカードの番号や個人情報を入力しなければならない場合は，HTTPを拡張し，セキュリティ機能のある，ポート番号443番の**HTTPS**（Hypertext Transfer Protocol Secure）を利用するようにしたい．

12.1.5　DNS

　このように，インターネットをする際には，「www.doshisha.ac.jp」のようにコンピュータのアドレスを入力することになるが，なぜこのアドレスでコンピュータを指定できるのか不思議に思わないだろうか．先に復習したように，インターネットに接続されるコンピュータには，ポート番号やIPアドレス，MACアドレスなどが付与されており，その番号を使って識別している．ここまでの話では，どこにもコンピュータの名前などというものは出てきていないのである．

　この現象を可能にしているのが**ドメインネームシステム**（Domain Name System, **DNS**）である．本来，コンピュータはIPアドレスを使って指定すべきなのではあるが，この長い数字で表現されたIPアドレスは人間にはわかりにくく，覚えにくく，煩わしいため，コンピュータに名前を付けてアクセスする**ドメインネーム**と呼ばれるしくみが考えられた．実際には，**DNSサーバ**と呼ばれる，IPアドレスとドメインネームの対応を管理する機器がインターネット上には存在し，このDNSサーバが機能してくれるおかげで，私たちは気軽にウェブサイトを閲覧することができているのである．そのため，DNSサーバに故障が発生した場合などでは，IPアドレスとドメインネームの変換が正常に行われず，コンピュータにアクセスできないという事態が生じることもある．また，ドメインネームではなくIPアドレスがわかっていれば，ドメインネームの代わりに直接IPアドレスを指定することでも同じようにコンピュータにアクセスすることは可能である．

　ちなみに，ドメインネームには意味合いがあり，先の例であれば「www」

がホームページを公開しているサーバ,「doshisha」は同志社大学,「ac」は教育機関,「jp」は日本であることを示している.「co」は企業,「go」は政府,「or」は団体であるので,ドメインネームを確認すれば,どこのだれが管理しているコンピュータなのかをある程度特定することができる.怪しいコンピュータに近づかないためにも,ドメインネームは重要な情報を提供してくれていることを認識しておく必要がある.

12.2 ネットワークをうまく利用した事例

ネットワークを上手く利用した事例の1つとして**プロキシ**(proxy)という機能がある.これは,一度アクセスしたウェブページの内容を**プロキシサーバ**に一時保存しておくことで,キャッシュとして機能させる.何度も同じページを閲覧する際には,高速化を実現できるため,多くのコンピュータが接続された環境では特に有効である.また,図12.4(a)のように,インターネットの世界とローカルの環境との間にプロキシサーバが設置され,出入りする際には必ずプロキシサーバを経由することから,アクセスを制御することができ,安全性を確保することもできる.

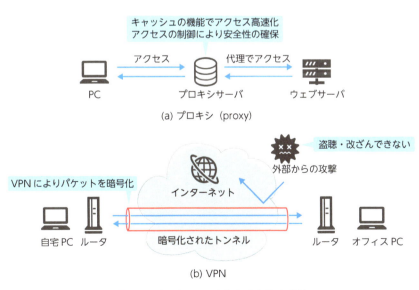

図12.4 ネットワークをうまく活用した事例

第12章 インターネットでできること インターネットサービス

他には，**VPN**（virtual private network）という機能もある．これは，**IPsec**という暗号化通信専用に強化されたIPプロトコルを利用し，図(b)に示すように，パケットを暗号化することで，公衆回線をあたかも専用回線のように利用できる技術である．これにより，通信内容を盗聴から守ることができ，たとえば自分の家に居ながら社内のコンピュータとVPNで接続することで，安全に社内のコンピュータを利用することができ，自宅をまるで会社のような環境に早変わりさせることができる便利な機能である．在宅ワークでは，なくてはならない機能であるといえる．

章末問題

12.1 DNSの役割を説明しなさい．

12.2 メールサーバからメールを読み出すための代表的なプロトコルを2つ答えなさい．

12.3 ウェブブラウザとウェブサーバ間でHTMLなどのファイル送受信を行うためのプロトコルは何か答えなさい．

第13章 コンピュータシステムを開発する手順
システム開発・技術

　ここまで，コンピュータとネットワークの話をしてきたが，これらはだれかが考え，それをつくり，保守と管理をしていかなければ，私たちはその恩恵にあずかることはできない．これからも，そのような仕事に携わる人が多く出てくるだろう．そこで本章では，コンピュータシステムを構築する際に考えなければならないこと，しなければならないことなど，ユーザ側ではなくつくる側の立場から見えてくるコンピュータシステムについて説明する．

13.1　コンピュータシステムを開発するときの基本的な考え方

　コンピュータシステムのライフサイクルとしては，図13.1に示すようなステップと流れがある．コンピュータシステムを構築する際には，どんなコンピュータシステムをつくるのか，なぜつくらなければならないのか，そもそもつくる必要があるのかを考え，**企画・計画**する必要がある．当然，つく

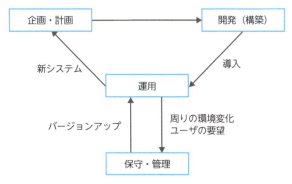

図13.1　コンピュータシステムのライフサイクル

第 13 章　コンピュータシステムを開発する手順　システム開発・技術

るからには，その必要性や必然性が必ずあるはずである．それらを客の要求や要望などを踏まえて，よく考えなければならない．また，どのようなシステムかということだけではなく，実際に開発できるものなのか，開発のしやすさをはじめ，実際に運用したときのこと，保守・管理や拡張性に関することなど，考えるべきことは多岐にわたる．

しっかりと企画されたコンピュータシステムを**開発**する際には，企画段階の計画に則って，粛々と作業を行うこととなる．時には，計画通りにならないこともあるが，それは企画段階でのミスや計画の甘さが引き起こすことも多い．企画は本当に重要である．また，突発事項が発生することもあり，企画とうまく連携しながら軌道修正しつつ開発を進める必要もある．

その後，コンピュータシステムが完成すると，運用という段階に入る．つくったら終わりではなく，**運用**がそのシステムの始まりでもあり，客が求めていることは，ここからようやく実現され始める．

実運用していくと，計画時には見えていなかったことが起こることもしばしばある．また，周りの環境が変化することによるシステムの不具合なども発生する．日ごろからしっかりと**保守・管理**しながら，安心・安全に稼働するように努める必要がある．

この中でも開発は，するべき作業が多い．開発プロセスを図 13.2 に示す．開発では，企画されたシステムを実際に形にしていく工程になる．客が求めている物事は，かなり漠然としていることが多く，それを実現するための具体的な機能に落とし込む作業が必要である．まず，客がシステムに求める要件を分析（**要件分析**）し，定義（**要件定義**）する．その後，その定義に基づき，作成すべきソフトウェアの仕様を決める．いわゆる，**設計**の段階である．こ

▌ Column

企画職に必要な能力

よく「企画という仕事がしたい」という話を聞くことがあるが，企画をするためには，客，現場，開発，運用，保守，管理，財務，経営などのことを一通り知っており，それらを網羅的に想像して考え，形にしていく必要がある．かなり高度な技術や知識，そして責任が必要となる仕事であるため，一般的には，それなりの経験を積む必要があるという事実は知っておいてほしい．

13.1　コンピュータシステムを開発するときの基本的な考え方

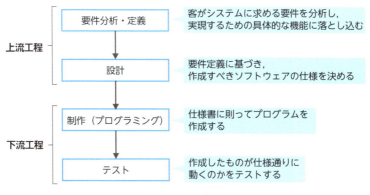

図 13.2　開発プロセス

こまでの作業が開発における**上流工程**といわれるものになる．

仕様書ができたら，あとはそれに則って**制作（プログラミング）**を行い，作成したプログラムが仕様通りにちゃんと動くかを**テスト**する．これらの工程が**下流工程**である．仕事に就く際，コンピュータシステムのライフサイクル的な視点，開発プロセスの視点を参考に，どの工程の仕事がしたいのかをイメージされると良いかと思う．

さらに，この4つの工程を細分化すると図 13.3 のような **V 字モデル**という概念になる．V 字の左側が上流工程，底から右側が下流工程にあたる．業務内容や問題点を洗い出し，システム要件を決める基本計画をした後，シス

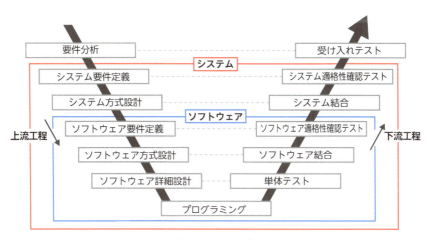

図 13.3　V 字モデル

第13章　コンピュータシステムを開発する手順 システム開発・技術

テム要件に基づき，必要な機能を決める**外部設計（ソフトウェア要件定義）**を行う．この外部設計は，ユーザや客の視点からの設計になる．一方，ハードウェアの制約などを考慮して，開発者側から見た設計を行うのが，**内部設計（ソフトウェア方式設計）**になる．外部設計で決めた機能を細分化し，より詳細に決める．さらに，それらをプログラムとして実現する方法を決める**プログラム設計（ソフトウェア詳細設計）**を行い，ようやく実際のプログラミングに入ることができる．

表 13.1 に要件分析，要件定義，設計でよく使用される手法を示す．ここまでしっかりと計画・設計ができていれば，プログラミングに困ることはなく，あとは時間との勝負だけとなるはずである．ソフトウェアの開発手法につい

表 13.1　要件分析，要件定義，設計でよく使われる手法

手法	特徴・用途
ヒアリング	ヒアリング計画に基づいて利害関係者やユーザから直接要件を収集する方法．ヒアリング議事録を作成し，ユーザのニーズや期待を具体的に理解し，要件定義に反映するために使用される．
ユースケース	アクター（ユーザや他のシステム）とシステムの相互作用を記述する手法．システムがどのように動作するべきかを具体的に示し，機能要件の明確化に役立つ．
モックアップ，プロトタイプ	システムの外観や動作を視覚的に示す初期モデル．プロトタイプ版評価を通じてユーザのフィードバックを得て要件を洗練し，最終システム設計に役立てる．
データフロー図	DFD (data flow diagram)．アクティビティ，データストア，データフロー，プロセスの流れを視覚的に表現する図．システムの機能とデータの相互作用を理解しやすくし，要件定義に役立てる．
ER 図	entity relationship diagram．データベースの構造を視覚的に表現する図（第 8 章参照）．データの関係性を明確にし，データベース設計の要件定義に使用される．
統一モデリング言語	UML (unified modeling language)．システムの設計と仕様を視覚的に表現する標準的な言語．クラス図，パッケージ図，ユースケース図，ステートマシン図，シーケンス図，コミュニケーション図などの図を使用する．クラス図では操作，属性，ロール名を用いてシステムの要件を明確にする．
ユーザストーリー	ユーザの視点からシステムの機能要件を短い物語形式で記述．エピックは大規模な要件を，ユーザストーリーは具体的な機能を表し，ストーリーポイントを使って見積もり，プロダクトバックログに管理する．アジャイル開発で使用され，機能の優先順位付けとスプリント計画に役立つ．
決定木（デシジョンテーブル）	条件とその結果を表形式で整理する手法．複雑なルールや条件分岐の理解を容易にし，システム要件の定義に使用される．
SysML	systems modeling language．複雑なシステムの設計と分析を支援するためのモデリング言語．システムエンジニアリングで使用され，システムの全体像を明確にする．

ては表13.2を参照してほしい．なお，プログラミングが終わり，プログラムができあがった暁には，そのまま客に納品するのではなく，しっかりとテストする必要がある．このテストについては，次章で個別に扱うこととする．

表13.2　ソフトウェアのおもな開発手法

開発手法	特徴・用途
ローコード開発，ノーコード開発	専門的なコーディングの知識や経験がなくても，ソフトウェアの開発が可能となる．視覚的な開発ツールを使用して，迅速なプロトタイプ作成とアプリケーション開発が行える．
ソフトウェア再利用	ソフトウェアの開発生産性や品質向上のために，部品化や再利用を進める．モジュールの独立性，標準化，カスタマイズが重要となる．
リバースエンジニアリング	既存のソフトウェアを解析して，仕様や構成部品などの情報を得る．互換性やコールグラフ（関数の呼び出し関係を視覚的に表現したもの）を利用し，既存システムの改善や新規システムの開発に役立てる．
マッシュアップ	複数の提供元によるAPI（アプリケーション間の通信を可能にするインタフェース）を組み合わせ，新しいサービスを構築する手法．異なるデータソースを統合し，迅速に新規サービスを創出できる．
モバイルアプリケーションソフトウェア開発	モバイル用ウェブアプリケーション，ネイティブアプリケーション，ハイブリッドアプリケーション，PWA（プログレッシブウェブアプリ）など，モバイルデバイス向けのアプリケーション開発手法．User-Agent（ウェブブラウザやアプリの情報を示す文字列）の管理やパーミッション要求（アプリが特定の権限を求めること），アプリケーションの審査と配布が含まれる．

13.2　どんなシステムが必要かを考える方法

　前節でシステム開発の概要をつかんだので，本節ではより詳細に見てみたいと思う．システム開発では，まず客の要求をしっかり把握することから始まる．だれが，いつ，どこで，何のために，どのように使用するシステムなのかを考える必要がある．システムに求める要求条件を明確化しておかなければ，その後の設計以降の作業は無茶苦茶になってしまう．具体的には

- ・トラフィック要件
- ・性能要件
- ・信頼性要件
- ・セキュリティ要件

第**13**章　コンピュータシステムを開発する手順　システム開発・技術

・運用と保守要件

・管理要件

・拡張性の要件

・経済性の要件

・移行要件

などを明確にし，明文化しておく．これが**要求設計**である．

　要求設計がなされれば，次はそれを実現するための方式設計やアーキテクチャ設計を行う**論理設計**に移る．論理設計が終われば，その結果を受けて，それを実現するための実装設計を行う**物理設計**を実施する．このとき，ソフトウェアのことばかりが気になってしまうが，そうではなく

・システム構成要素であるハードウェアやソフトウェアの選択

・数量や容量の計算

・コンピュータの設置場所の決定

・ケーブル配線方法の決定

など，これらのハードウェアのこと，またそれらを設置する場所や環境に関することなどもしっかりと考えておかなければならないのである．

　この物理設計の結果を受けて，実際に実装する構築作業では，それぞれの工程ごとに実施した作業結果を逐次確認していくことが特に重要である．この工程を管理する際に便利なものが工程計画書であり，**ガントチャート（バーチャート，日程表）**や**アローダイアグラム（ネットワーク図）**などがよく用いられる．

　図 13.4 のガントチャートでは，それぞれの作業に対する責任者と，作業がいつから始まり，いつ終わるのかという計画と実際の進捗が記載される．計画通りに実施されているのかを把握し，もし計画通りに実施されていなければ，その作業に人員を追加したり，計画を修正したりするなど対応を検討することができる．

　このガントチャートを正確に実行するためには，やはり計画をしっかりしておかなければ，妙に暇になってしまったり，無理をしなければ達成できなくなってしまったり，不都合が生じてしまう．自分も含めた，作業者の能力や個性などを過大評価も過小評価もすることなく把握し，適材適所に人員を配置し，過不足なく日程を設定することに努めなければならない．

　図 13.5 のアローダイアグラムでは，作業とその作業にかかる日数，また，

13.2 どんなシステムが必要かを考える方法

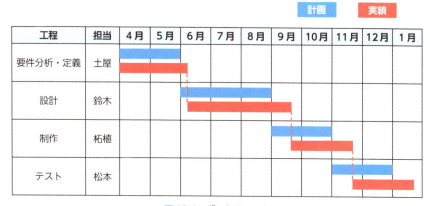

図 13.4　ガントチャート

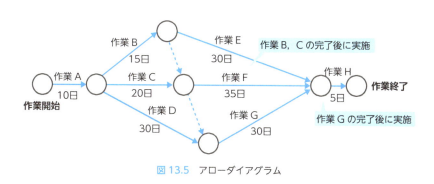

図 13.5　アローダイアグラム

作業どうしの関係を記している．たとえば H の作業を実施するためには，作業 E，F，G のすべてが完了していなければ作業をスタートすることができないことがわかる．なお，破線の矢印はダミー作業と呼ばれるものを示し，作業時間は 0 日であるが，順序のみを表す際に使用される．たとえば，作業 F は作業 B とともに作業 C の完了も待つ必要がある．

また，アローダイアグラムを用いることで，開始から終了までの総日数が最大になるパスを知ることができる．このパスのことを**クリティカルパス**と呼び，作業日程の短縮に必要な工作を練る際には重宝する．ボトルネックになりそうな工程，たとえば，作業 A のあと，作業 E が終わるまでは 45 日，作業 F は 55 日，作業 G は 60 日かかる予定であることから，作業 H を実施するには，作業 G の完了を待つ必要が出てくることがわかる．これより，作業 G のパスの工程により多くの人員を配置することで，最終的な作業日数を

第13章 コンピュータシステムを開発する手順 システム開発・技術

短縮できる可能性が出てくる.

このようにシステム開発が進むと, 客に納品する前には, 必ず入念にテストを実施する必要がある. 最初に設定した要求条件を満たし, 長期間の実用に耐えうるかなどを確認する. また, 確認するだけではなく, そのテスト結果を分析し, 評価しなければ意味がない. もちろん, 評価結果を次のプロジェクトやシステムの改善に反映させることが重要である.

> ### Column
>
> **専門技術の日常での利用**
>
> ガントチャートは, システム開発の際にだけ利用できるものではなく, 私たちの生活でも利用できる. いきなり業務で利用するのは難しいかもしれないので, まずは自分の日常の計画に利用してみると良い. 日々の計画, 1週間の計画, 1か月, 1年といった計画をガントチャートで記し, それを日ごろから確認し, 修正していれば, 業務で利用する際にも使いやすいと思われる.

13.3 ソフトウェアのつくり方

システム開発の大きな部分をソフトウェア開発が占めることが多く, その規模は年々大きくなり続けている. そのため, 大人数で作業したり, 作業者が途中で入れ替わったりすることもよくあることである. そのとき, みんなが同じ方向を向いて, 同じように作業をしていくためには, 作業時に参考となる**開発モデル**は重要な役割を果たす. 表13.3 に代表的な開発モデルを示す. ここではその中から4つのモデルを詳しく紹介する.

図13.6 は**ウォーターフォールモデル**と呼ばれるもので, 滝の水が上から下に滞りなく流れる様からこのような名前が付けられている. 開発工程の手戻りが極力ないように開発を進める手法である. たとえば, 下流工程のプログラミングの最中にプログラムできない問題が判明した場合, その直前のソフトウェア詳細設計を見直し, それでも解決できなければさらに前の工程を見直す必要が出てくる. 最悪のケースでは, 最初の要求設計から見直す必要があり, このような手戻りは時間的にもコスト的にも痛手である. また, 作業者のやる気をそぐことにもなってしまい, 開発陣の士気も低下する. この

13.3 ソフトウェアのつくり方

表13.3 ソフトウェアのおもな開発モデル

開発手法	特徴・用途
ウォーターフォールモデル	ソフトウェア開発プロセスを段階的に進める手法．要件分析・定義，設計，制作，テストの各フェーズが順次進行する．大規模プロジェクトや要件が明確な場合に適している．
プロトタイプモデル	システムの一部を早期に開発し，ユーザのフィードバックを得ながら進める手法．ユーザの要望が明確になり，仕様の不確実性を減少させることができる．
スパイラルモデル	リスクを重視しながら，段階的に開発を進める手法．各ステップで要件分析・定義，設計，制作，テストを行う．複雑でリスクの高いプロジェクトに適している．
アジャイル開発	迅速に変化に対応しながらソフトウェアを開発する手法．アジャイルソフトウェア開発宣言と12の原則に基づき，顧客との密なコミュニケーションや繰り返しの開発が重要．XP（extreme programing, エクストリームプログラミング）やスクラム，ユーザストーリー，テスト駆動開発（test-driven development：TDD）などの具体的な手法が含まれる．
DevOps	開発チームと運用チームが連携し，迅速かつ柔軟にソフトウェアを開発し，提供（デリバリー）する手法．継続的インテグレーション（continuous integration：CI）や継続的デリバリー（continuous delivery：CD）を用いて安定したシステムを実現する．SRE（site reliability engineering, サイト信頼性エンジニアリング）も含む．

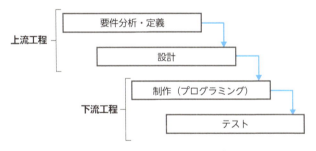

図13.6 ウォーターフォールモデル

ようなことが起こらないように，上の工程から一つひとつ，しっかりと考えて，確認しながら次の工程に進むようにする考え方である．

しかし，いくらていねいに各工程を実施していったとしても，手戻りなく最後まで実施できることは少ないというのもまた現実である．環境の劇的な変化や客の要求の変更，金銭的な要件の変更などさまざまなトラブルが発生するのが世の常である．そこで，図13.7のような**プロトタイプモデル**というものが提案されている．これは，試作品となるものを制作し，実際に客にその試作品を使ってもらい，客と一緒に評価をしながら作業を進める方法で

第13章 コンピュータシステムを開発する手順 システム開発・技術

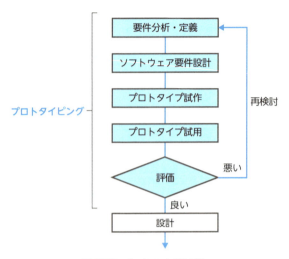

図 13.7 プロトタイプモデル

ある．こうすることで，大きな手戻りを避けることができる．

スパイラルモデルでは，これら2つの手法を統合し，図 13.8 のように，プロトタイプモデルで評価をしながらウォーターフォールモデルで開発を進める手法である．双方の長所を掛け合わせた，優れた開発モデルである．

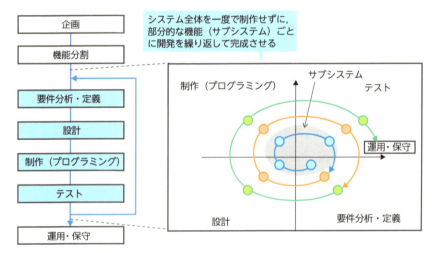

図 13.8 スパイラルモデル

13.3 ソフトウェアのつくり方

　長らくこのスパイラルモデルが利用され続けてきたが，近年になって新しい**アジャイル開発**が主流になりつつある．これは，図 13.9 のように，優先度の高い機能から，小さく早く開発し，それを続けることで規模を拡大させていく方法である．より早く，他社に先んじて商品をリリースするという風潮を象徴した手法でもある．ただし，あくまでスピード最優先で開発が進んでしまうため，大きな不具合が発生し，大問題になることもしばしば散見される．

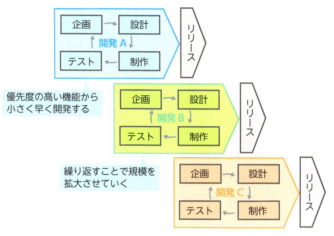

図 13.9　アジャイル開発

第**13**章　コンピュータシステムを開発する手順 システム開発・技術

> ■ Column
>
> ## 利益と思いやりのバランス
>
> 　GPS/GNSS を利用し，実際にユーザのいる場所とゲームの世界を連動させる位置情報ゲームというものがある．このゲームでは，ユーザが現実の実空間を歩き回ることで，ゲームの仮想の世界でもそれに連動して行動が反映され，アイテムなどを得ることができる．非常に人気のゲームである．
>
> 　このゲームにもアジャイル開発が導入され，たとえば「ポケモン GO」では，リリース直後に地雷が埋まっている危険性がある立ち入り禁止場所にもキャラクタが発生してしまい，ゲームに夢中になったユーザが立ち入ってしまったという事例などがある．もちろん，その後，速やかにそのゲームは改修されたが，大きな問題であることは確かである．
>
> 　このように，コンピュータシステムは，私たちの生活になくてはならないものであるが，利益やコスト削減の過剰な追求など，そのシステムの利用者である人間のことを蔑ろにして開発を進めてしまうと，とんでもない事態を発生させてしまうことになりかねない．つねに，真摯に，謙虚に，思いやりをもった行動をとれるようになってほしい．

章末問題

13.1 システム開発の最初の工程で行う作業について説明しなさい．

13.2 開発プロセスにおけるソフトウェア方式設計で行うべき作業について説明しなさい．

13.3 アジャイル開発におけるメリットとデメリットを説明しなさい．

13.4 次のアローダイアグラムにおけるクリティカルパスを答えなさい．

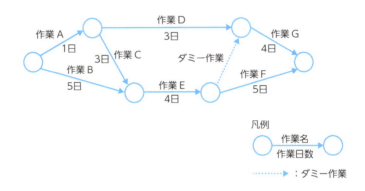

第14章 つくったシステムがうまくできているかをチェックする方法
テスト

前章ではシステム開発のプロセスについて触れたが，企画や開発などはいわゆる花形として，ついついそこにだけ目が行きがちである．しかし，つくって終わりではなく，その後のテストは非常に重要である．学校でも同じように，勉強したらそのテストが実施されて評価される．そして，その評価に基づいて，反省すべき事項は改善し，また勉強をするのが良い．そこで本章では，この最後の工程であるテストについて詳細に見ていく．

14.1 1つのプログラムをチェックする方法

システム開発プロセスの最後の工程がテストである．プログラミングが終わってシステムが完成したら，客に納品する前に，最初に設定した要求条件を満たし，仕様通りにちゃんと動くか，長期間の実運用に耐え得るかなどを必ず入念に**テスト**を実施する必要がある．

開発するシステムの規模にもよるが，近年のシステムは巨大化しているため，複数のプログラムやモジュール（部品）を組み合わせて構築されていることが多い．そのため，まずシステムの要素となっているプログラムやモジュール単体でのテストを実施することを考える．これを**単体テスト**と呼ぶ．

最も簡単な単体テストに**ブラックボックステスト**がある．これは，図14.1のように，内部仕様には立ち入らず，外部仕様に基づいてテストを行う．つまり，入力と出力からのみでテストを行う方法である．プログラムの構造や内部の状況などを知らなくてもテストを実施することができるため，だれでも行うことができる．

14.1　1つのプログラムをチェックする方法

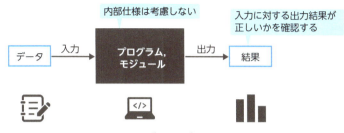

図 14.1　ブラックボックステスト

　入力と出力からのみでテストを行うため，非常に簡単ではあるが，注意すべき事項もある．それは，図 14.1 のように基本的には入力に応じて出力は変化するが，その変化が正しいものであるかどうかをしっかりと確認しなければならない．たとえば，正しそうな出力が偶然されているだけで，プログラム自体は間違っており，バグをもっているかもしれない．そのようなことにならないように，想定される入力とそれに対する出力を考えながら，さまざまな視点からテストを実施する必要がある．

　テストの際に考えるべきこととして 3 つの方法を説明する．まずは**同値分割**である．これは，図 14.2(a) のように，正常に処理される**有効同値クラス**とエラー処理される**無効同値クラス**を把握し，それぞれのクラスに属する代表的な値を設定することで，それらが正しく処理されるかを確認する方法である．有効同値クラスのみを確認しただけ，あるいは無効同値クラスのみを確認しただけでは，テストは甘いということになる．また，それぞれのクラスは複数存在することもあるため，それらを網羅する必要がある．

　次の方法は**限界値分析**（境界値分析）である．これは，図 (b) のように有効同値クラスと無効同値クラスの境目にあたる値をテスト項目に入れる方法である．プログラムを構築する際にミスが発生しやすい箇所の代表的な部分が，この境界部分である．そのため，この境界部分で不具合が生じないかの確認は，入念に実施しておく必要がある．

　3 つ目が**因果グラフ**（原因 – 結果グラフ）である．図 (c) のように，入力と出力の因果関係をグラフや表で表現して整理することで，テスト項目に抜けがないようにする方法である．特に，明確にクラス分けできない場合に有効であり，すべての組み合わせをデシジョンテーブルとして書き出すとわかりやすい．

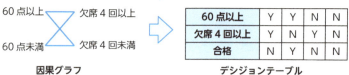

図 14.2 テストで考えるべき3つの方法

　その他の単体テストに，**ホワイトボックステスト**というものがある．これは，ブラックボックステストと異なり，図 14.3 のように内部仕様に立ち入ってテストを行う手法である．プログラムの内部構造を知ったうえで，すべての条件を網羅するようにテストを行うことから，プログラム開発者しかこのテストを行うことはできない．

　テストの際に考えるべき視点としては，すべての命令をチェックできるようにする**命令網羅**，条件分岐の際の真と偽を漏れなくチェックする**判定条件網羅（分岐網羅）**，条件分岐の条件部分が複数存在する場合に，それらの条件を網羅させる**条件網羅**がある．また，これらを組み合わせた**判定条件/条件網羅**や**複数条件網羅**というチェックも考えておく必要がある．

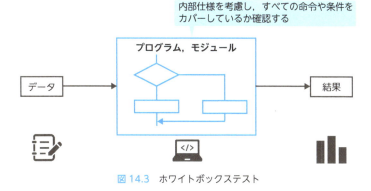

図 14.3　ホワイトボックステスト

14.2 複数のソフトウェアをまとめてチェックする方法

　前節で説明した単体テストで，プログラムやモジュール単体のテストが正常に終了すれば，各プログラムやモジュール自体には問題がないことになる．そのため，それらの問題がない正しいものどうしを組み合わせてできるシステムも問題なく正しく作動するイメージをもつかもしれない．しかし，そんなに甘い世界ではない．各プログラムやモジュールを組み合わせるからこそ発生するミスやバグ，不具合は往々にしてある．そこで，**ソフトウェア結合テスト**を実施する必要がある．

　ソフトウェア結合テストには，図 14.4(a) のように下位に位置する各プログラムやモジュールから上位のものへと順々に組み合わせながらチェックを行う**ボトムアップテスト**と，それとは逆に，図 (b) のように上位から下位へチェックを行う**トップダウンテスト**がある．なお，それぞれのテストにおいて，ボトムアップテストではテストを行うものより上位の機能を模した**ドライバ**，トップダウンテストではテストを行うものよりも下位の機能を模した**スタブ**と呼ばれるダミーのプログラムやモジュールが必要となる．

　また，これら 2 つの手法を統合し，図 14.5 のように上からも下からもチェックを実施する**折衷テスト**（**サンドイッチテスト**）というものもある．双方からチェックを実施するため，短期間でテストを実施することができる．

第14章　つくったシステムがうまくできているかをチェックする方法　テスト

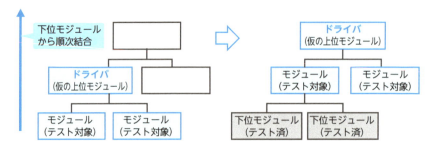

(a) ボトムアップテスト

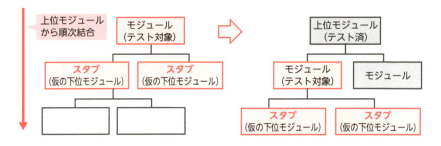

(b) トップダウンテスト

図 14.4　ソフトウェア結合テスト

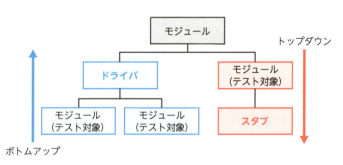

図 14.5　折衷テスト

その他のテストの手法としては，**運用テスト（導入テスト）**や**退行テスト（リグレッションテスト，回帰テスト）**というものがある．運用テストはユーザがテストを実施し，問題がなければ客に開発したシステムを納入する方法，退行テストは修正にともなって他の部分に不具合が生じないかを検証するこ

14.2 複数のソフトウェアをまとめてチェックする方法

とである．これらの他にも表 14.1 に示すように，さまざまな視点からのテストが提案されている．開発したシステムが本当に正しく動いているのかを確認するためには，多くの苦労を要することがわかっていただけるかと思う．

表 14.1 システムのおもなテスト方法

種類	チェック内容
機能テスト	システムが定められた要件を満たしているか．
性能テスト	システムが期待される性能基準を満たしているか．
操作性テスト	UI が使いやすいか，直感的に操作できるか．
障害回復テスト	障害が発生した際にシステムが正常に回復できるか．
負荷テスト	システムがどの程度の負荷に耐えられるか．
耐久テスト	システムが連続稼働にどのくらい耐えられるか．
例外テスト	想定外の入力や状況に対して，システムが適切に動作するか．
セキュリティテスト	システムが必要なセキュリティ要件に対して耐性をもっているか．
状態遷移テスト	システムの状態が期待どおりに遷移するか．
運用テスト	納入前に発注元（ユーザ）が実際にシステムを確認する．
退行テスト	修正後に新たな不具合が発生していないか．

Column

ものには理由がある

テストには，多くの費用と時間がかかる．そのため，特に低価格の商品では，開発段階や工場出荷時のテストや品質管理がおろそかになってしまっているものも残念ながら存在している．私たちが購入する製品の価格には，それなりの理由がある．目に見えない，見えにくい部分にもコストは発生しているのである．安いに越したことはないが，「安物買いの銭失い」にならないように，その製品に求める性能や品質を考え，それに耐えうる適切な価格のものを手にするようにしてほしい．

14.3 どれだけチェックできたかを管理する方法

　単体テストとソフトウェア結合テストについて見てきたが，そもそも，どれだけのバグがプログラムに潜在しているのかを正確に知るすべはない．そのため，テストをどれだけすれば良いのか，テストを終了するための条件をどのように設定すれば良いのかは非常に難しい問題である．

　このテスト管理の指標としては，**カバレッジ（網羅率）** やテスト項目とバグ件数との関係を参考にするとよい．前者のカバレッジは，考えられるテストケースをどれだけ実施したかの割合である．生産性と信頼性の両方を考えながらカバレッジの目標を立てることで実施する．

　後者は，**バグ管理図**などで表現されることがある．横軸に消化したテスト項目の件数，縦軸にバグの累積件数をプロットすると，図14.6のようにどの段階でどれだけのバグが発生したかがわかる**バグ曲線**が描かれる．一般的には，**信頼度成長曲線**のようなS字曲線を描くのが良いとされる．テストの初期段階では徐々にバグが検出され，中盤でどんどんバグが検出されるも，最終的には一定の値に収束する形である．

　図の①のように，テストの初期段階で多くのバグが検出されてしまった場合は，そのプログラムの質が悪いということを示しており，設計段階にまで手戻りして見直す必要があるような状況である．

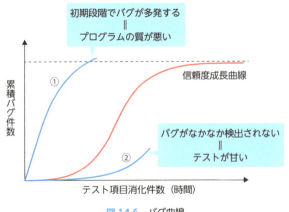

図14.6　バグ曲線

また，図の②のように，バグがなかなか検出されない場合は，プログラムが非常に良くできていることも考えられるが，おそらくはテストが甘いためにテストがしっかり実施できていないことや，解決が難しい大きなバグが発生し，それがネックとなっていることのほうが多いと考えられる．特に，テストが甘いという状況を把握するためには，わざとプログラムの中にバグを潜ませ，そのバグを検出できるのかを確認する**バグ埋め込み法（エラー埋め込み法）**という方法も考えられている．

章末問題

 14.1 以下の選択肢の記述のうち，ホワイトボックステストについて説明したものをすべて選びなさい．

【解答群】
　ア．テストデータの作成基準として，プログラムの命令や分岐に対する網羅率を使用する．
　イ．被テストプログラムに冗長なコードがあっても検出できない．
　ウ．プログラムの内部構造に着目し，必要な部分が実行されたかどうかを検証する．
　エ．分岐命令やモジュールの数が増えるとテストデータが急増する．

14.2 次のフローチャートにおいて，分岐網羅を満たす最小のテストケース数を求めなさい．

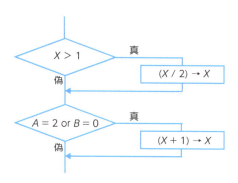

第 14 章　つくったシステムがうまくできているかをチェックする方法 テスト

14.3 次のフローチャートにおいて，命令網羅を満たす最小のテストケース数を求めなさい．

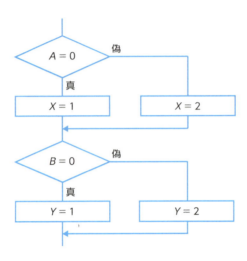

14.4 ソフトウェアの保守のために行った変更によって，影響を受けないはずの箇所に影響を及ぼしていないかを確認する目的で行うソフトウェアテストは何か答えなさい．

第

15章

章

情報資産を守るために必要な技術と考え方
情報セキュリティ

スマートフォンをはじめとするさまざまなコンピュータは，インターネットなどのネットワークにつながっていることが当たり前になっている．便利である反面，情報通信の状況は簡単に目で見て確認できるものではないため，危険と隣り合わせの状態である．そこで本章では，情報通信におけるセキュリティに対する考え方や危険性とその対処法について詳細に見ていく．しっかりと身につけ，日ごろの生活に役立てていただけたらと思う．

15.1 情報資産を守るための心得

私たちは，常日頃から安心・安全を意識しながら暮らしている．この安全を担保するのがセキュリティであり，生命や財産が危害や損傷を受けることなく，正常な状態にすることがセキュリティの役目である．外出するときには，家に鍵をかけたり，多額の現金をもっているのは危ないので，現金を銀行に預けたりする．

このような行動と同じように，情報通信の世界においてもセキュリティを担保し，安全性を確保する必要がある．企業や組織において大事な資産としては，これまで長らく**人**，**もの**，**金**だといわれてきたが，近年になってそこに**情報**が追加されている．そこで，この情報通信の世界におけるセキュリティを**情報セキュリティ**と呼ぶ．情報セキュリティは単に情報資産を保護することだけではなく，それにともなって客からの信頼も得られ，ひいては企業の競争力の向上につながる重要な事柄である．

15.1.1 情報セキュリティの三大要素

情報セキュリティを確保するために重要となる三大要素としては，図15.1 に示す機密性，完全性，可用性がある．**機密性**（confidentiality）と

201

図 15.1 情報セキュリティの三大要素

は，許可された人だけが，許可された範囲内で情報にアクセスできるようにすることである．これにより，第三者に情報が漏れないようにする．**完全性**（integrity）とは，データの正当性，正確性，一貫性を保証することであり，情報が正確かつ完全に維持されるようにする．そして，**可用性**（availability）では，システムが必要なときにいつでも正常なサービスを提供できるようにする．

15.1.2 情報セキュリティにおける 2 つの視点

　これらの 3 つの特性が重要となる情報セキュリティは，大きく 2 つの視点から捉えることができる．1 つは**物理的セキュリティ**と呼ばれるもので，設備や建造物に対するセキュリティ対策のことになる．

　もう 1 つは，**論理的セキュリティ**である．人がかかわる**人的セキュリティ**としては，教育や訓練をしたり，雇用契約を結び規制をしたりするなどの対処方法が考えられる．情報システムとしての**システム的セキュリティ**では，暗号化や認証，ウイルス対策，バックアップ対策などの技術的な対応が必要である．そして，**管理的セキュリティ**としては，セキュリティポリシの策定と運用，セキュリティ対策の実施と運用が重要である．

15.1.3 情報セキュリティマネジメントシステム

　これらの情報セキュリティを確実に運用するためには，**情報セキュリティマネジメントシステム**（information security management system：**ISMS**）が必要不可欠である．これは，情報セキュリティの確立，導入，運用，監視，レビュー，維持，改善という役割を担う．また，この ISMS の観点からは，先の三大要素に加えて，**真正性**，**責任追跡性**，**否認防止**，**信頼性**も重要であるといわれる．真正性とは，おもにユーザが本人であることを証明することであるが，それに留まらず，システムや処理内容，取り扱う情報などが本物

であることを確実にすることも含まれる．責任追跡性とは，いつ，だれが，何をしたのかをログなどから把握することで，ユーザやシステム，処理などの動作の主体と内容を一意に追跡できるようにすることである．否認防止は起きた事象を証明できること，信頼性は実行した操作や処理結果に矛盾がなく整合性がとれていることである．

図 15.2 に情報セキュリティを運用する際の ISMS における **PDCA サイクル**を示す．**計画**（plan），**実行**（do），**評価**（check），**改善**（act）というステップの流れは，他の業務の考え方と同じである．PDCA サイクルをしっかりと回すことが重要である．

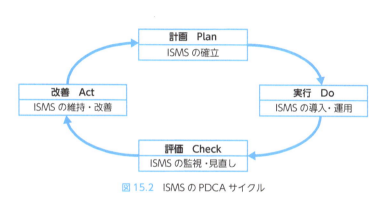

図 15.2 ISMS の PDCA サイクル

15.1.4　リスクマネジメント

ISMS を導入し，運用していく中で，図 15.3 のようにリスクに対応しなければならない場面に遭遇することもある．このリスク対応を**リスクマネジメント**と呼び，リスクの分析と評価を行う**リスクアセスメント**の結果を受けて対策を施し，リスクを最小限にとどめる必要がある．また，これにあわせてリスクを最小限にとどめることができる組織づくりも重要となる．

リスク対応の方法としては，**リスクコントロール**と**リスクファイナンス**という 2 つの考え方がある．リスクコントロールとしては，リスクの発生の根本原因を排除する**リスク回避**や**リスク低減**，リスクを第三者へ移転する**リスク移転**などを考えることができる．特に，リスク低減の方法としては，損失の発生頻度を減少させる**損失予防**，損失の度合いを小さくする**損失軽減**，損失を受ける対象を小さく細分化し，損失を分散させる**リスク分離**，逆に損失

第15章 情報資産を守るために必要な技術と考え方 情報セキュリティ

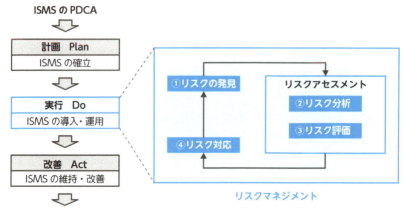

図 15.3 リスクマネジメントのプロセス

を受ける対象を集中化させる**リスク集中**というやり方が考えられる．

もう1つのリスクファイナンスであるが，こちらはイメージしにくいかもしれないが，リスクを受け入れるという対処方法になる．具体的には，損失を組織の財務力で負担する**リスク保有**や，いわゆる保険のように損失負担のリスクを外部に転嫁する**リスク転嫁**がある．ついついリスクは排除したくなるものではあるが，受け入れてしまうという考え方もある．このような考え方は，日常生活でも活用できるかもしれない．

15.2 情報資産を守るための技術

リスクには，**脅威**，**脆弱性**，**情報資産**の3つの発生原理が密接に関連している．脅威とは，情報セキュリティを脅かし，損失を発生させる直接の原因となるものである．また，脆弱性はリスクを発生しやすくしたり，拡大させたりする要因となる弱点や欠陥のことであり，俗にいう**セキュリティホール**がこれにあたる．

じつは，これらの脅威，脆弱性，情報資産の3つが別々に存在している限りにおいては，実質的な損害は発生しない．脆弱性につけこむ脅威によって情報資産が損失するのであって，鍵の掛かっていない脆弱性のある家に泥棒という脅威が侵入したとしても，そこに金品のような情報資産がなければ，そもそも損失は発生しないのである．また，たとえ情報資産があったとしても，

15.2 情報資産を守るための技術

脆弱性や脅威が存在しなければ，損失は発生しえない．このような概念もまた，日常生活で活用できると思われる．

15.2.1 脅威とその対策

本項では，リスクの発生原理のうち，脅威について詳細に見ていく．脅威には，環境的なものと人為的なものとがある．環境的な脅威としては，地震や落雷，風害，水害，火災などの自然環境から受ける災害と，ハードウェアやソフトウェア，ネットワークの故障などによる障害がある．人為的な脅威としては，不正アクセスや盗聴，改ざんなどの意図的に行われるものもあるが，操作ミスや紛失，物理的な事故などの偶発的なものもこれに該当する．

意図的に人間が作成したプログラムにより不正を行うものとして，**コンピュータウイルス**や**ワーム**がある．これは，ユーザの意図に反する不正な振る舞いをするように作成されたプログラムやスクリプト（特定のタスクを実行する簡易的なプログラム）である．コンピュータウイルスは，自然界に存在する病原体であるウイルスと同じように，**自己伝染機能**，**潜伏機能**，**発病機能**を有し，宿主が必要である．それに対して，ワームは**自己増殖**ができ，宿主は必要ないもののことを指す．

これらのコンピュータウイルスやワームに対する基本的な対策としては

・ソフトウェアのバージョンをつねに最新のものにする

・ソフトウェアに対してパッチ（修正プログラム）を適用する

・コンピュータウイルス対策ツールを導入し，そのバージョンやパッチの管理を徹底する

Column

更新はあわてずすみやかに

コンピュータウイルスやワームから身を守るためには，原則として，使用しているシステムに適合するパッチや更新プログラムがあれば，可及的速やかに適用することが望ましい．しかし，場合によっては，その更新プログラムにバグや相性問題などが存在している可能性もあるため注意は必要である．少し周りの様子を見るのも1つの手段であり，一度更新して不具合があるのであれば，元の状態に戻すしくみを利用することも検討してほしい．

205

第15章 情報資産を守るために必要な技術と考え方 情報セキュリティ

- ファイアウォール（不正な通信を遮断するしくみ）を使用する
- 不必要なソフトウェアや出所のはっきりしないソフトウェアを使用しない
- 怪しいウェブサイトやメールにはアクセスしない

などをあげることができる．

コンピュータウイルスやワームは，補助記憶装置である USB メモリやインターネット，添付ファイルなどを通じてコンピュータに感染する．そのため，もし感染してしまった場合は，まずそのコンピュータをネットワークから切り離す必要がある．また，ネットワークを介して感染が広がるため，同一の LAN 内のすべてのコンピュータをネットワークから切り離し，すべてのコンピュータを同時に処理するのが望ましい．その後，ベンダ（コンピュータウイルス対策ソフトの提供企業）が公開している駆除ツールを使用して復旧作業を行う．その後は，最新のパッチや更新プログラムを適用することも忘れてはならない．

他の脅威としては，**トロイの木馬**が有名である．正常に動作しているソフトウェアのように見せかけて，不正な振る舞いをするマルウェアと呼ばれる悪意のあるソフトウェアである．裏でパスワードを盗んだり，**バックドア**と呼ばれる侵入口をつくったり，レジストリ（システムやソフトウェアの設定情報）を改変したり，悪意のあるプログラムを勝手にダウンロードしたりしている．

悪意のあるモバイルコードは，サーバからクライアントに，動的にダウンロードして勝手に実行されるものであり，Java アプレットや ActiveX コントロール，Java スクリプトなど，それらの機能や脆弱性が悪用されて実行され

Column

専門家の遊び心

トロイの木馬という名称は，ギリシャ神話が由来である．トロイア戦争において，ギリシャ勢の攻撃が手詰まりになってきたとき，オデュッセウスが大きな木馬をつくって中に人を潜ませ，それをイリオス市内に運び込ませることを考案して実行に移したという話から命名されている．技術に面白い名前を付けるなど，技術者は結構おちゃめな側面をもっている．

るものである．なお，現在では実行に制限がかけられていることが多く，対策が施されている．

スパイウェアは，個人情報を盗むものであり，破壊活動は行わない．パスワードやクレジットカード番号などを盗まれると大きな損害を被るため，注意が必要である．フリーウェア（無料ソフトウェア）やアドウェア（広告付きソフトウェア），プラグイン（アプリケーションソフトの拡張機能）などをダウンロードして利用した際に感染することが報告されている．これらに共通することは，「無料である」ということであるが，無料であるほど怖いものはないと心得ておいたほうが良い．

ボットはワームの一種であり，コンピュータに感染し，遠隔地から攻撃者により操作が可能である．また，機能の拡張も可能であり，かなり厄介な存在である．

ランサムウェアは，データを勝手に暗号化し，正常に利用できなくしてしまう．また，その暗号の解除に金銭を要求してくる．ついついお金で解決できるのであればと考えてしまうこともあるかもしれないが，犯罪者はお金を奪い取ることが主の目的であるため，お金を払ったとしても暗号化されたデータが元に戻る保証はない．日ごろからのバックアップが重要である．

近年では，Gumblar と呼ばれる連鎖的に感染を拡大させる一連の攻撃手法や，**標的型攻撃**という特定の組織や団体をターゲットとした攻撃も問題になっている．

15.2.2　不正のメカニズム

他人のコンピュータに侵入したり，攻撃したりすることの目的は多岐に渡り，その目的は

- ・侵入のための情報収集
- ・機密情報の取得
- ・不正なサイトへの誘導
- ・ネットワークへの不正接続
- ・ホストへの侵入
- ・管理者権限の奪取
- ・セッションの乗っ取り
- ・不正プログラムの埋め込みや実行

207

- システムやデータの破壊や改ざん
- サービスの妨害や嫌がらせ

などをあげることができる．これらの不正行為が行われるメカニズムとしては，図 15.4 のように理解することができる．

不正のメカニズムでは，不正を行おうと思えばできる環境である**機会**，不正をすることで自分に都合が良いことが起こるという身勝手な心情である**動機**，そして，不正をしても見つかることはないし，だれも困らないなどという考えである**正当性**の 3 つがそろえば，不正行為が発生するといわれている．つまり，本節の冒頭で説明したリスクの発生原理と同じように，どれか 1 つでも条件を満たさなければ，不正行為は行われないということである．

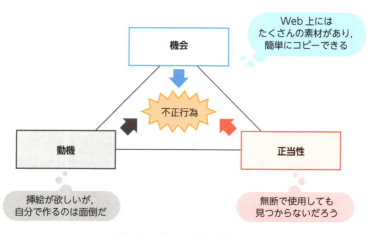

図 15.4　不正のメカニズム

15.2.3　情報セキュリティ技術

不正のメカニズムのうち，動機については，人の心情にかかわることであり，啓蒙活動や教育，罰則などで対処するほかない．しかし，それでも，悪さをする人が 0 になることはないのもまた事実である．そこで，技術的には，機会と正当性をターゲットとして不正が発生することを防ぐことになる．

情報セキュリティに関する技術の 1 つとして**暗号**がある．これは，意味ある情報を定められた約束事に従って固有の値を用いて他の情報に変換することであり，表 15.1 に示す情報の**秘匿**と，表 15.2 に示す情報の**認証**（署名）

15.2 情報資産を守るための技術

表 15.1 秘匿におけるおもな暗号技術

暗号技術	特徴・用途
RSA 暗号	公開鍵暗号方式の 1 つで，大きな整数の素因数分解の困難性に基づく方式．おもにセキュアなデータ交換やデジタル署名に使用される．
ハイブリッド暗号	共通鍵暗号方式と公開鍵暗号方式を組み合わせて使用する方式．公開鍵暗号で共通鍵を交換し，データ自体は共通鍵暗号で保護する．
ハッシュ関数	データを固定長のハッシュ値に変換する関数．SHA–256（SHA–2）などが代表例で，データの整合性チェックやデジタル署名に使用される．
ブロック暗号	データを一定のブロック単位で暗号化する方式．AES（Advanced Encryption Standard）などが代表例で，高速かつ強力な暗号化を実現する．
暗号利用モード	ブロック暗号を用いる際のデータの処理方法．CBC（cipher block chaining）や CTR（counter）モードなどがあり，異なるセキュリティ特性や用途に応じて選択される．
ストリーム暗号	データを連続したビットやバイト単位で暗号化する方式．RC4 などが代表例で，リアルタイムのデータ通信に適している．
鍵管理	暗号鍵の生成，配布，保管，破棄などを管理するプロセス．安全な鍵管理は暗号システムの安全性を確保するために不可欠．
ストレージ暗号化	HDD や SSD などのストレージデバイスに保存されるデータを暗号化する技術．BitLocker などが代表例で，デバイスの紛失や盗難に対する保護手段として使用される．
ファイル暗号化	個々のファイルを暗号化する技術．データの保護とプライバシーの確保に使用される．

表 15.2 おもな認証技術

認証技術	特徴・用途
デジタル署名	秘密鍵で生成された署名を公開鍵で確認することにより，メッセージの認証と改ざん防止を行う．電子文書の署名やデジタル契約に使用される．XML デジタル署名は XML データに対してデジタル署名を行う技術で，ウェブサービスや XML ベースのデータ交換でデータの真正性と整合性を保証する．
タイムスタンプ（時刻認証）	データに対して時刻情報を付与し，その時刻にデータが存在したことを証明する．電子文書のタイムスタンプや法的証拠の保全に使用される．
メッセージダイジェスト	データのハッシュ値を生成し，データの整合性を確認する．SHA–256 などが代表例で，データの改ざん検出に使用される．
メッセージ認証	メッセージの正当性を確認するための技術．送信者と受信者の間でメッセージの改ざんを検出する．MAC（message authentication code，メッセージ認証符号）は，共通鍵を用いてメッセージの認証符号を生成し，メッセージの正当性と改ざん検出に使用される．
チャレンジレスポンス認証	サーバがクライアントにチャレンジを送信し，クライアントがレスポンスを返すことで認証を行う方式．パスワードの安全な伝送に使用される．
リスクベース認証	ユーザの行動や環境に基づいてリスクを評価し，適切な認証手段を動的に選択．インターネットバンキングやセキュリティ重視のサービスで使用される．

209

がその目的である．ここで，意味のある情報のことを平文（ひらぶん），定められた約束事のことを**暗号アルゴリズム**，固有の値のことを**鍵**（**暗号鍵**，**復号鍵**）と呼ぶ．なお，**暗号化**とは他の情報に変換すること，**復号**とは暗号化された情報を元の情報に戻すことを指す．

暗号方式としては，**共通鍵暗号方式**と**公開鍵暗号方式**が有名である．共通鍵暗号方式のしくみを図 15.5(a) に示す．暗号化と復号に同じ鍵を用いる方式であり，イメージとしては家の玄関の鍵と同じようなしくみである．鍵を閉めるときも開けるときも同じ鍵を使うため，鍵が盗まれたり，なくしてしまったりしないように注意して管理する．共通鍵暗号方式も同じように，暗号化の際に用いる暗号鍵（復号の際に用いる復号鍵）を秘密にしておく必要がある．また，1 人の人が n 人の人と通信を行う場合，それぞれの人と鍵を交換する必要があり，結果として n 個の鍵を**秘密鍵**として厳重に管理する必要がある．

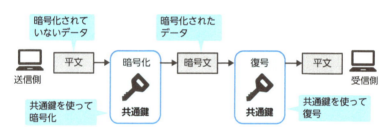

(a) 共通鍵暗号方式

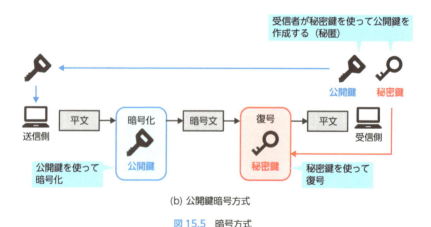

(b) 公開鍵暗号方式

図 15.5　暗号方式

一方，公開鍵暗号方式のしくみは図 (b) のように，暗号化と復号に異なる鍵を用いる方式である．イメージとしては，手紙を封書でやり取りするしくみである．封筒に文書を入れたとき，中身が見えないようにのりを使って封をして送り，それを受け取った人は封をハサミで切って開封して，中に入った文書を読むことになる．このように，鍵を閉めるときと開けるときとで異なるものを利用する方法である．なお，暗号化する際の暗号鍵を広く一般に公開し，復号する際の復号鍵だけを秘密にすることで実現される．これは，暗号鍵で暗号化したものは，それに対する復号鍵でなければ決して復号できないというしくみから成り立っているものである．そのため，暗号鍵を広く一般に公開しても安全性にまったく問題はない．また，1人の人が n 人の人と通信を行う場合，暗号鍵は公開されているため，秘密鍵はたった1個だけ管理しておけば良いことになる．

この公開鍵暗号方式は，秘匿と認証の2つのことに利用できる．秘匿では送信者が受信者の**公開鍵**で暗号化し，受信者は受信者のみがもっている秘密鍵で復号することで，受信者しか情報を読むことができないことを実現する．認証では送信者が送信者のみがもっている秘密鍵で暗号化し，受信者はその

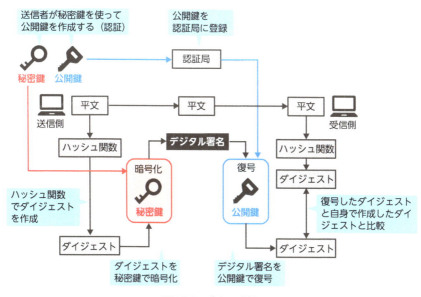

図 15.6　デジタル署名

第15章　情報資産を守るために必要な技術と考え方　情報セキュリティ

送信者の公開鍵で復号することで，受信者は正しい送信者の情報しか読めないということを実現する．後者の認証を利用したしくみを**デジタル署名**と呼ぶ．図15.6にそのしくみを示す．

　デジタル署名における認証は，公開鍵を**認証局**という信頼できる第三者が管理して証明書を発行することで，その持ち主の正当性を確認する**三者間認証**にあたる．なお，生体情報やユーザID，パスワードなどの識別情報に基づいて，人，もの，情報を識別し，その正当性や真正性を直接確認する認証方法を**二者間認証**と呼ぶ．表15.3におもな利用者認証の技術，表15.4にお

表15.3　おもな利用者認証技術

利用者認証技術	特徴・用途
ログイン	利用者IDとパスワードを使用してシステムにアクセスする．広く使用される基本的な認証方法で，シンプルながらも多くのセキュリティ上の課題がある．
アクセス管理	利用者ごとにアクセス権限を設定し，適切なリソースへのアクセスを管理する．セキュリティポリシーの一環として使用され，特定の情報やシステムへの不正アクセスを防止する．
ICカード	集積回路を内蔵したカードを使用して認証を行う．金融機関や入退室管理で使用されており，物理的なデバイスとしての信頼性を提供する．
PINコード	数字のパーソナル識別番号を使用して認証する．ATMやデジタルロックで使用され，ユーザが自身の識別を容易に行うことができる．
ワンタイムパスワード	一度だけ使用可能なパスワードを生成し，認証に使用する．インターネットバンキングや2要素認証で使用され，セキュリティ強化に有効．
多要素認証	記憶（パスワード），所有（トークンやカード），生体（指紋や顔認証）など複数の認証要素を組み合わせて認証する．セキュリティ強化のために使用される．
多段階認証	複数の段階で認証を行い，各段階で異なる認証手段を使用する．セキュリティ強化のために使用される．
パスワードレス認証	従来のパスワードを使用せずに，生体認証やセキュリティキーを使用して認証する．ユーザの利便性向上とセキュリティ強化を目的とし，国際標準化が進められている規格としてFIDO（Fast Identity Online）がある．
EMV 3-D セキュア（3Dセキュア2.0）	オンラインカード決済における追加認証プロトコル．取引の安全性を確保し，不正利用を防止する．特に国際的な取引において重要な役割を果たす．
セキュリティトークン	物理デバイスを使用して一時的な認証コードを生成する．インターネットバンキングやVPNアクセスで使用される．
シングルサインオン	一度の認証で複数のシステムやアプリケーションにアクセス可能にする．ユーザの利便性向上と管理の簡素化に貢献している．
CAPTCHA	コンピュータと人間を区別するためのテスト．自動化されたスクリプトによる攻撃を防止するために使用され，Webサービスにおけるボット対策に有効．

15.2 情報資産を守るための技術

表 15.4　おもな生体認証技術

生体認証技術	特徴・用途
静脈パターン認証	指や手の静脈パターンを用いた認証技術．高い精度とセキュリティを提供し，企業のセキュリティシステムや金融機関で使用される．
虹彩認証	目の虹彩パターンを用いた認証技術．高い精度をもち，空港のセキュリティゲートや高セキュリティエリアで使用される．
顔認証	顔の特徴を用いた認証技術．カメラを使って顔を認識し，スマートフォンのロック解除や監視システムで使用される．
網膜認証	目の網膜パターンを用いた認証技術．非常に高い精度をもち，軍事施設や高セキュリティ施設で使用される．
声紋認証	声の特徴を用いた認証技術．テレフォンバンキングや音声アシスタントで使用される．
署名認証	手書きの署名を用いた認証技術．署名の速度や圧力のパターンを分析し，銀行の取引や契約書の認証で使用される．

もな生体認証技術についてまとめた．なお，生体認証技術の認証精度は，**本人拒否率**（false rejection ratio：FRR）や**他人受入率**（false acceptance ratio：FAR）を測定することで評価される．

このように見てくると，公開鍵暗号方式が優れているように見えるが，欠点も存在する．それは，暗号化と復号に複雑な数学的な計算を要するため，共通鍵暗号方式に比べて鍵の開け閉めに時間がかかってしまう．そこで，安全性を担保しながら使い勝手を良くする方法として，**ハイブリッド方式**が提案されている．これは，図 15.7 のように共通鍵の受け渡しの際に公開鍵暗号方式を利用し，安全に共通鍵を相手に渡した後からは共通鍵暗号方式で通

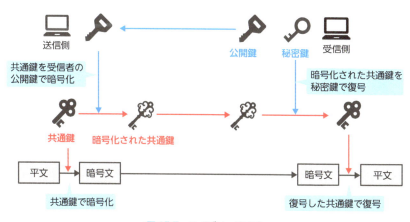

図 15.7　ハイブリッド方式

信を行う方法である．このように，基本的には，物事には裏と表，メリットとデメリットがあるため，それぞれの特性をよく理解してうまく組み合わせて利用できるようになってほしい．

15.3 守りが弱くなりがちな箇所とそれに対する攻撃手法

前節では，リスクの発生原理となる三大要素のうち，脅威について説明した．本節では，脆弱性について説明する．人間がつくったものに完璧なものはなく，必ず壊れ，必ず脆弱性をはらんでいるといっても過言ではない．

15.3.1 DoS 攻撃

DoS 攻撃（denial-of-service attack）とは，図 15.8(a) のようにサービスや業務の妨害，嫌がらせのために，ターゲットのサイトに膨大なパケットを送信し，正常動作ができない状態に陥れることである．**サービス不能攻撃**，**サービス拒否攻撃**，**サービス妨害攻撃**と呼ばれることもある．また，図 (b) のように DoS 攻撃の攻撃元が複数に進化したものを **DDoS 攻撃**（distributed denial-of-service attack）と呼ぶ．

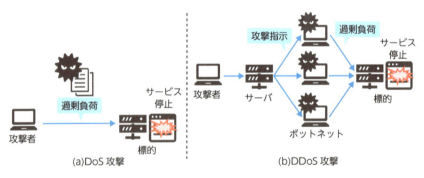

図 15.8　DoS 攻撃

15.3.2　ポートスキャン

ポートスキャンは，スタックフィンガープリンティングとも呼ばれ，ターゲットのホストで開いているポートを調べる行為である．つまり，あるサーバが提供し，通信可能な状態になっているプロトコルを調べているのである．これにより，アプリケーションの種類やバージョン，場合によってはOSのバージョンなどもわかることから，既知のセキュリティホールをもつサービスが稼働していたり，セキュリティ上の問題のあるサービスを発見したりすることができ，それを悪用することができる．

15.3.3　パスワードクラック

パスワードなどを入力している際に，キーボードやディスプレイなどをのぞき見されることで，それらの情報が盗まれてしまうことがある．これらの行為は，肩越しに覗き見する様子から**ショルダーハッキング**や**ショルダーアタック**と呼ばれる．マナーとして，近くでパスワードなどを入力するシーンに遭遇した場合は，このような行為をしていないことを相手に伝えるためにも，その方向から目を背けるなどのそぶりをするようにしてほしい．

パスワードに関連しては，何通りものパスワードを繰り返し試し，パスワードを破る**パスワードクラック**という攻撃がある．細かくは，ユーザのキー入力を不正に記録する**キーロガー**，辞書に載っている単語をパスワードとして入力する**辞書攻撃**，考えられるパスワードを推測してしらみつぶし的に入力する**ブルートフォース（総当たり）攻撃**，不正に入手した別のサービスやシステムで使用しているパスワードによる**パスワードリスト攻撃（クレデンシャルスタッフィング）**などがある．

犯罪者の手口も巧妙化していることから，新しいパスワード技術も利用されている．その1つに，**ワンタイムパスワード**というものがある．これは，サービスやシステムを利用するたびにパスワードが変更されるしくみである．技術的には，**チャレンジレスポンス方式**と**トークン方式**がある．図 15.9(a) にチャレンジレスポンス方式のイメージを示す．チャレンジと呼ばれる，利用するごとに変更される値を利用する．図にあるように，パスワードがネットワーク上を流れないため，安全性が担保されるしくみである．

もう 1 つのトークン方式では，図 (b) に示すように，ワンタイムパスワードを生成するための装置やアプリを利用することで，利用ごとに使用するパスワードを巧みに変更している．

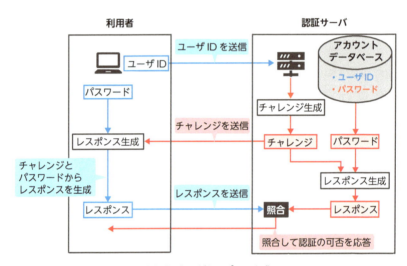

(a) チャレンジレスポンス方式

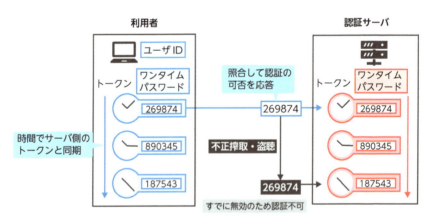

(b) トークン方式

図 15.9　ワンタイムパスワード

15.3.4 バッファオーバーフロー攻撃

バッファオーバーフロー攻撃は，**バッファオーバーラン**とも呼ばれ，入力データの処理部分に関するバグを利用し，メモリに不正なデータを書き込むことで，システムへの侵入や管理者権限の不正取得などを行う．特に C 言語や C++ で開発されたプログラムが標的になることが多い．スタックにおけるバッファオーバーフローのイメージを図 15.10 に示す．

スタック領域には，主プログラムへの戻り値や変数の値が格納されている．この変数に不正なプログラムを代入し，本来の戻り先とは異なる位置を示すアドレスで上書きすることができてしまう．すると，プログラムはその上書きされた本来とは異なる位置のアドレスを参照することとなり，意図しない動作を引き起こすことができてしまう．

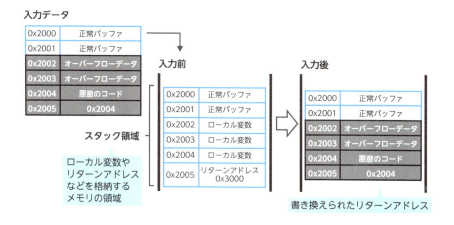

図 15.10 スタックを利用したバッファオーバーフロー

第15章　情報資産を守るために必要な技術と考え方　情報セキュリティ

 章末問題

15.1 不正のトライアングルの構成要素は何か答えなさい．

15.2 AさんがBさんに電子メール送る際に，電子メールの内容を秘密にするため，公開鍵暗号方式を使って暗号化したいとする．このときに使用すべきなのは，誰の何鍵か答えなさい．

15.3 保険への加入などで，他者にリスクを移すリスク対応は何か答えなさい．

15.4 ウェブページの改ざんは，情報セキュリティの三大要素のうち，どれを脅かす攻撃か答えなさい．

参考文献

- 月江伸弘：徹底攻略 基本情報処理技術者教科書 令和 5 年度，インプレス (2022)
- 都丸敬介ほか：ネットワーク完全教本 2008 年版，日本経済新聞出版社 (2008)
- 石坂充弘：情報ネットワークの通信技術，オーム社 (1993)
- 田村武志：図解 情報通信ネットワークの基礎，共立出版 (1995)
- 三輪進：情報通信基礎，東京電機大学出版局 (2003)
- 今井秀樹：情報理論 改訂 2 版，オーム社 (2019)
- 上原孝之：情報処理教科書情報セキュリティスペシャリスト 2009 年度版，翔泳社 (2008)
- 鳥居壮行：わかりやすい情報セキュリティ，オーム社 (1998)
- 吹田智章：暗号のすべてがわかる本 デジタル時代の暗号革命，技術評論社 (1998)
- 橋本洋志ほか：図解 コンピュータ概論 ハードウェア 改訂 4 版，オーム社 (2018)
- 橋本洋志ほか：図解 コンピュータ概論 ソフトウェア・通信ネットワーク 改訂 4 版，オーム社 (2019)
- 魚田勝臣 編著：コンピュータ概論 情報システム入門 第 9 版，共立出版 (2023)
- NTT ドコモ：「IPv6 シングルスタック方式」の提供を開始；
  https://www.docomo.ne.jp/info/news_release/2022/01/31_00.html
- SHIFT：アジャイル開発とは？；https://service.shiftinc.jp/column/4145/
- IT の学び：CPU の命令実行の流れを理解しよう！；
  https://itmanabi.com/cpu-order/
- IT の学び：メモリの実記憶管理の種類とメリット，デメリットを学ぼう！；
  https://itmanabi.com/real-memory-mng/
- IT を分かりやすく解説：アドレス指定方式とは；
  https://medium-company.com/ アドレス指定方式 /
- Semi-jornal：SRAM とは何か？構造と動作原理をわかりやすく解説；
  https://semi-journal.jp/basics/device/memory/sram.html
- instant tools：Unicode 文字一覧表；
  https://tools.m-bsys.com/ex/unicode_table.php
- 村田製作所：無線通信における電波（帯域幅）の有効利用；
  https://article.murata.com/ja-jp/article/multiplexing-and-multiple-access-2
- IPA：ソフトウェア開発の標準プロセス；
  https://www.ipa.go.jp/archive/files/000004771.pdf
- IPA：非ウォーターフォール型開発 WG 活動報告書；
  https://www.ipa.go.jp/archive/files/000004613.pdf

索引

数字

2DCG 100
2 相位相変調 164
2 分木 35
2 分探索木 35
2 分探索法 31
3DCG 100
3D セキュア 2.0 212
3 次元映像 99
3 層クライアントサーバ
　システム 59
4 相位相変調 165
8 相位相変調 165

A

AAC 95
ACID 特性 114
ACK 157
AI 100
AIFF 95
ALU 40
AM 163
AND 12
API 27, 74
AR 99
ASCII コード 88
ASK 163
ATA 56
AVI 96
AVL 木 35

B

B 木 35
BASIC 102
baud 166
BER 16
BGP4 152
bit 1
BLE 56

Bluetooth 56
Blu-ray Disc 53
BM 法 31
BMP 96
bps 154
byte 1

C

C# 102
C++ 101
C 言語 101
CAD 99
CAPTCHA 212
CD 53
CG 100
CIDR 147
CISC 46
CL 型 142
CO 型 141
COBOL 102
CPI 45
CPU 39, 40
CRC 方式 18
CSMA/CA 方式 127
CSMA/CD 方式 126
CSS 103
CSV 92

D

DBMS 74
DCT 95
DDoS 攻撃 214
DevOps 187
DFD 182
DHCP 174
DIMM 48
DisplayPort 56
DLE 157
DNS 174, 176

DNS サーバ 176
DoS 攻撃 214
DRAM 48
DVD 53

E

ECMAScript 103
ENQ 157
EOR 12
EOT 157
EMV 3–D セキュア 212
ER 図 109, 182
ETB 157
ETX 157
EUC コード 89
EXOR 12

F

FAR 213
FCFS 方式 78
FD 52
FDM 167
FIFO 34
FIFO 方式 50, 78
FLAC 95
FLOPS 45
FM 164
Fortran 102
FRR 213
FSK 164
FTP 174

G, H

GIF 96
Go 103
Gumblar 207
H.264 96
H.265 96
Haskell 102

索引

HDB 111
HDD 52
HDLC 手順 159
HDMI 56
HEIC 96
HEIF 96
HTML 103
HTML5 103
HTTP 174, 175
HTTPS 174, 176

I

IC カード 212
IDE.............................. 56
IEEE 802.3 126
IEEE 802.11............... 127
IMAP 174, 175
IMAP4 175
IP 137
IP アドレス 135
IP データグラム 142
IP ネットワーク 144
IP マスカレード 172
Ipsec 178
IPv4 144
IPv6 150
IrDA 56
ISMS 202
ISO 131

J

Java 101
JIS8 単位コード 88
JIS 漢字コード 88
JPEG 95
Julia 102

L

L2 スイッチ 135
L3 スイッチ 135
LAN 122, 149
LDAP 174
LFU 方式..................... 51
LIFO 34

LIFO 方式 50
Lisp............................ 102
LRU 方式 51

M

MAC アドレス 135
MAN 122
MIMD 76
MIPS 45
MISD 76
MP3............................. 95
MPEG 95
MR 99
MTBF 69
MTTR 69

N

NAK 157
NAND 12
NAPT 172
NAT.....................149, 172
NDB 111
NFC 56
NOR 12
NoSQL 118
NOT 12
NTP 174
NXOR 12

O

OODB 111
OR 12
OS............................... 72
OSI 基本参照モデル
.........................130, 139
OSPF 152
OSS............................ 106

P

Pascal........................ 102
PCM 92
PDCA サイクル........... 203
PDF 92
Perl 103

PHP 102
PIN コード 212
PM............................. 164
PNG 96
pop 34
POP3 ....174, 175
Prolog 102
proxy......................... 177
PSK 164
push 34
Python 101

Q, R

QAM 165
queue 33
R............................... 102
RAID 63
RAM 48
RASIS 66
RAW 96
RDB 111
RIP 152
RISC 46
ROM...................... 48, 52
RS–232C 56
RSA 暗号 209
Ruby 102

S

SAP 131
SATA 56
Scala 102
SFTP 174
SIMD 76
SISD 76
SJIS コード 89
Smalltalk.................... 102
SMTP 174, 175
SNMP......................... 174
SO–DIMM 48
SOH 157
SQL 118
SRAM 48
SSD 52

221

索引

stack 33	TSS 75	VR 99
STX 157	TXT 92	
SVG 96		**W**
Swift 102	**U**	WAN 122
SYN 157	UDP 142	WAV 95
SYN 同期 156	UML 182	WebP 96
SysML 182	Unicode 91	well-known ポート 173
	USB 55	WWW 175
T	USB メモリ 52	
TCC 156	UTF–8 91	**X, Z**
TCP 137	UTF–16 91	XHTML 103
TCP/IP 137	UTF–32 91	XML 103
TCP/IP モデル 139		XML データベース 111
TDM 167	**V**	XNOR 12
TDMA 方式 127	V 字モデル 181	XOR 12
Telnet 174	VHS 53	XSL 103
Thunderbolt 56	VOD 99	Zigbee 56
TIFF 96	VPN 178	

あ	暗号利用モード 209	**う**
悪意のあるモバイルコード	安全性 66	ウォーターフォールモデル
.... 206	アンダーフロー 7	 186
アクセス管理 212		打切り誤差 7
アジャイル開発 187, 189	**い**	運用 180
アセンブラ 104	イーサネットフレーム	運用テスト 196
アセンブリ言語 103	 143	
後入先出型 34	位相 161	**え**
アドレス 41	位相偏移変調方式 164	枝 34
アドレス指定方式 41	位相変調方式 164	エラー埋め込み法 199
アプリケーション層	一貫性 115	エンキュー 34
.... 131, 138	移動体通信 129	演算誤差 6
アプリケーション	イベントドリブン方式 ... 77	演算装置 37, 38
プログラム 73	意味解析 105	エンティティ 131
網型データベース 111	因果グラフ 193	
誤り検出 15	インターネット	**お**
誤り訂正 15	.... 122, 175	応用ソフトウェア 73
アルゴリズム 28	インターネット層 139	オーバーフロー 7
アローダイアグラム 184	インタフェース 40	オーバレイ方式 83
暗号 208	インタプリタ 104	オブジェクト指向言語
暗号アルゴリズム 210	イントラネット 149	 101
暗号化 210	インメモリデータベース	オブジェクト指向データ
暗号鍵 210	 111	ベース 111

222

索引

オープンソースソフト
ウェア 106
オペランド部 41
オペレーティングシステム
...................................72

か

回帰テスト 196
改善 203
回線利用率 154
階層型データベース 111
概念設計 109
開発 180
開発モデル 186
外部設計 182
外部割り込み 78
顔認証 213
鍵 210
鍵管理 209
拡張現実 99
拡張 UNIX コード 89
隔離性 115
カセットテープ..............53
仮想記憶 85
仮想現実 99
稼働率 68
金 201
カバレッジ 198
カプセル化 143
可変区画方式 81
可用性 65, 202
カラム 109
下流工程 181
カレントディレクトリ ...85
関係演算 115
関係型データベース 111
環状リスト 33
関数 27
関数型言語 102
関数従属 112
間接アドレス方式 41
完全関数従属 112
完全性 66, 202
完全 2 分木 35

ガントチャート 184
管理 180
管理的セキュリティ 202

き

記憶装置 37, 39, 47
機会 208
機械語 103
機械チェック割り込み
...................................78
企画 179
木構造 34
基数 3
基底アドレス方式 41
機能テスト 197
揮発性メモリ 48
キーバリュー型データ
ベース 111
基本ソフトウェア 72
基本法則 12
機密性 66, 201
キャッシュ 48
キャッシュメモリ 48, 49
キャラクタ同期 156
キュー 33
吸収則 12
行 109
脅威 204
境界値分析 193
共通鍵暗号方式 210
共有ロック 116
距離ベクトル方式 152
キーロガー 215

く

クイックソート 30
クライアントサーバ
システム 59
クラウド 59
クラスタ 77
クラスタリングシステム
...................................62
クラッド 125
グラフデータベース 111

繰り返し処理 26
グリッドコンピュー
ティング 62
クリティカルパス 185
クレデンシャルスタッ
フィング 215
クロスコンパイラ 105
クロック周波数 45
グローバル IP アドレス
........................149, 172

け

計画 179, 203
携帯端末 37
桁落ち 7
結合 116
結合子 28
結合則 12
決定木 182
ゲートウェイ 130
ゲーム 99
原因 – 結果グラフ 193
限界値分析 193
言語プロセッサ 73, 104
原子性 115
原始プログラム 104

こ

コア 125
広域通信網 122
公開鍵 211
公開鍵暗号方式 210
交換機 121
交換則 12
虹彩認証 213
高水準言語 101
合成 162
構造型データベース 111
後退復帰 118
肯定応答 157
構内通信網 122
構文解析 105
国際標準化機構 130
五大装置 37

223

索引

固定区画方式 80
固定小数点数 4
コネクション 131
コネクション型 141
コネクションレス型 142
コリジョン 126
コンソール割り込み 78
コンパイラ 104
コンピュータウイルス
.... 205
コンピュータ
グラフィックス 100
コンピュータシステム
.... 58
コンピュータネットワーク
.... 120

さ

差 115
再帰処理 29
再送制御 135, 136
最適化 105
サイバーフィジカル
システム 100
先入先出型 34
錯視 98
サーバ 37, 59
サービス 131
サービス拒否攻撃 214
サービス不能攻撃 214
サービスプログラム 73
サービス妨害攻撃 214
サブネット化 146
サブネットマスク 147
サブネットワークアドレス
.... 147
サブルーチン 26, 29
三者間認証 212
算術演算 9
算術シフト 11
算術論理演算装置 40
サンドイッチテスト 195
サンプリング 92
サンプリング周期 92

サンプリング周波数 93

し

シェルソート 30
磁気ディスク装置 52
磁気テープ装置 53
字句解析 105
シーケンス制御 61
時刻認証 209
自己伝染機能 205
辞書攻撃 215
システムソフトウェア
.... 74
システム的セキュリティ
.... 202
実行 203
実効アドレス 41
実行可能状態 78
実行時コンパイラ 105
実行状態 79
実数値 3
指標アドレス方式 41
シフト JIS コード 89
時分割多元接続方式 127
時分割多重 167
シミュレーター 99
射影 116
シャノンの標本化定理
.... 94
周期 161
終端抵抗器 123
周波数 161
周波数分割多重 167
周波数偏移変調方式 164
周波数変調方式 164
主キー 112
主記憶装置 39, 48, 79
縮退運転 68
出力装置 37, 39, 54
主プログラム 27
巡回冗長検査方式 18
順序木 35
順序制御手順 136
商 116

障害回復テスト 197
条件網羅 194
状態遷移テスト 197
情報 201
情報落ち 7
情報資産 204
情報セキュリティマネジ
メントシステム 202
情報量 1
静脈パターン認証 213
上流工程 181
ジョブ 75
署名 208
署名認証 213
処理 28
書類 28
ショルダーアタック 215
ショルダーハッキング
.... 215
シリアル ATA 56
シリアル伝送 55
シングルサインオン 212
シングルスタック 150
人工知能 100
真正性 202
人的セキュリティ 202
振幅 161
振幅偏移変調方式 163
振幅変調方式 163
シンプレックスシステム
.... 61
信頼性 65, 202
信頼度成長曲線 198
真理値表 12

す

推移的関数従属 113
スイッチ 135
スイッチングハブ
.... 122, 135
水平垂直パリティチェック
方式 17
スクリプト言語 103
スター型 123

索引

スタック 33
スタックフィンガープリン
　ティング 215
スタブ 195
ストライピング 63
ストリーム暗号 209
ストレージ暗号化 209
スパイウェア 207
スパイラルモデル
　.....................187, 188
スーパーコンピュータ
　.................................... 37
スーパースカラ方式 45
スーパバイザコール
　割り込み 78
スペクトル 162
スペクトル解析 162
スループット 64
スワッピング 83
スワップアウト 83
スワップイン 83

せ

正規化 111
制御装置 37, 39
制作 181
脆弱性 204, 214
整数値 3
生成多項式 19
静的再配置 82
静的配列 25
正当性 208
性能テスト 197
声紋認証 213
積 115
責任追跡性 202
セキュリティテスト 197
セキュリティトークン
　.................................. 212
セキュリティホール 204
セグメント 83, 142
セグメント方式 83
節 34
設計 180

セッション層 131, 137
絶対パス指定 85
折衷テスト 195
セル 109, 129
セルラー方式 129
線 28
線形探索法 31
前進復帰 118
選択 116
選択処理 26
選択ソート 30
全二重通信 125
潜伏機能 205
占有ロック 116

そ

総当たり攻撃 215
操作性テスト 197
相対アドレス方式 41
相対パス指定 85
挿入ソート 30
双方向通信 125
双方向リスト 33
即値アドレス方式 41
疎結合マルチプロセッサ
　システム 77
ソースプログラム 104
ソースルーティング 151
ソート 30
ソフトウェア結合テスト
　.................................. 195
ソフトウェア再利用..... 183
ソフトウェア詳細設計
　.................................. 182
ソフトウェア方式設計
　.................................. 182
ソフトウェアモニタリング
　.................................... 65
ソフトウェア要件定義
　.................................. 182
損失軽減 203
損失予防 203

た

第 1 正規化 112
耐久性 115
耐久テスト 197
ダイクストラ法 31
退行テスト 196
第 3 正規化 113
第 2 正規化 112
タイマ割り込み............. 78
タイムクオンタム 77
タイムシェアリング
　システム 75
タイムスタンプ 209
タイムスライス方式....... 77
タグ 101
多次元配列 25
多重伝送 167
多重待ち行列方式 78
タスク 76
多段階認証 212
他人受入率 213
多分木 35
ターミネータ 123
多要素認証 212
ターンアラウンドタイム
　.................................... 64
単一命令単一データ 76
単一命令複数データ 76
探索 31
探索木 35
端子 28
単体テスト 192
断片化 81
単方向通信 125
単方向リスト 33
端末 59
端末装置 121

ち

地域通信網................... 122
逐次処理 26
逐次制御方式 44
チャネル分割多重 167

225

索引

チャレンジレスポンス認証
.... 209
チャレンジレスポンス方式
.... 215
中央処理装置 39, 40
調歩方式 156
直積 115
直接アドレス方式 41
直交結合 115
直交振幅変調方式 165

つ

ツイストペアケーブル
.... 124
通信規約 130
通信速度 154
ツリー型 124

て

底 3
定義済み処理 28
低水準言語 100
ディスクキャッシュ 48
ディスパッチ 79
ディレクトリ 85
テキスト開始 157
テキスト終結 157
テキストファイル 85
デキュー 34
デシジョンテーブル ... 182
デジタル署名 209, 212
デジタルツイン 100
デスクトップ PC 37
テスト 181, 192
データ 28
データ構造 32
データフロー図 182
データベース 109
データベース管理システム
.... 74
データリンク 134
データリンク層 ... 131, 134
手続き型言語 101
デッドロック 118

デバッグ処理 106
デフラグメンテーション
.... 81
テーブル 108
デュアルシステム 62
デュアルスタック 150
デュプレックスシステム
.... 61
伝送終了 157
伝送制御 156
伝送制御拡張 157
伝送制御手順 134
伝送制御文字 156
転送速度 154
伝送ブロック終結 157
伝送路 121

と

問合せ 157
統一モデリング言語 ... 182
同期 156
動機 208
同期応答 157
同軸ケーブル 124
同時実行制御 116
同値分割 193
動的再配置 82
動的配列 25
導入テスト 196
ドキュメント指向データ
ベース 111
独立性 115
トークンパッシング方式
.... 127
トークン方式 215
トップダウンテスト ... 195
ドメインネーム 176
ドメインネームシステム
.... 176
ド・モルガンの法則 ... 12
ドライバ 195
トランザクション 114
トランスポート層
.... 131, 136

トロイの木馬 206
トンネリング 150

な, に

内部設計 182
内部割り込み 78
流れ図 28
二者間認証 212
日程表 184
入出力インタフェース ... 55
入出力割り込み 78
入力装置 37, 39, 54
認証 208
認証局 212

ね

根 34
ネットワークアーキテク
チャ 130
ネットワークアドレス
.... 145
ネットワークアドレス部
.... 144
ネットワークアドレス変換
.... 149
ネットワークインター
フェースカード 135
ネットワークインター
フェース層 139
ネットワーク図 184
ネットワーク層
.... 131, 135
ネットワークトポロジー
.... 123

の

ノイマン型コンピュータ
.... 38
ノーコード開発 183
ノード 34
ノード数 152
ノート PC 37

索引

は

葉	34
排他制御	116
排他的論理和	11
バイト	1
バイナリファイル	85
パイプライン処理方式	45
ハイブリッド暗号	209
ハイブリッド方式	213
配列	25
バグ埋め込み法	199
バグ管理図	198
バグ曲線	198
パケット	142
パケット多重	167
パーサ	105
バス	41
バス型	123
バスタブ曲線	66
バースト誤り	16
パスワードクラック	215
パスワードリスト攻撃	215
パスワードレス認証	212
バーチャート	184
バーチャルサラウンド	99
波長多重	167
バックドア	206
ハッシュ関数	209
ハッシュ表探索法	31
バッチ処理	60, 75
発病機能	205
バッファオーバーフロー攻撃	217
バッファオーバーラン	217
ハードウェアモニタリング	65
ハードディスク	52
ハブ	122, 134
ハフマン符号	21
ハフマン符号化	95
バブルソート	30
ハミング距離	20
ハミング符号	18
パラレル伝送	54
バランス木	35
パリティ	63
パリティチェック方式	16
パルス符号変調	92
判断	28
番地	41
判定条件 / 条件網羅	194
判定条件網羅	194
半導体記憶装置	52
半二重通信	125

ひ

ヒアリング	182
非可逆方式	95
非カプセル化	143
光ディスク装置	53
光ファイバーケーブル	124
引数	27
ビット	1
ビット誤り率	16
ビット数	1
ビット速度	154
ビット同期	156
ビット幅	1
ビットマスク	13
ビットレート	154
否定	11
否定応答	157
否定排他的論理和	11
否定論理積	11
否定論理和	11
ビデオオンデマンド	99
非手続き型言語	101
人	201
秘匿	208
否認防止	202
ヒープ	35
ヒープソート	30
秘密鍵	210

ヒューマンインタフェース	40
表	108
評価	203
標的型攻撃	207
標本化	92
標本化周期	92
標本化周波数	93
平文	210

ふ

ファイル暗号化	209
フィードバック制御	61
フィードフォワード制御	61
フィールド	109
フェールオーバ	68
フェールセーフ	68
フェールソフト	68
フェールバック	68
フォルダ	85
フォールトアボイダンス	68
フォールトトレランス	68
フォールバック	68
負荷テスト	197
不揮発性メモリ	52
復号	92, 210
復号鍵	210
複合現実	99
複数条件網羅	194
複数命令単一データ	76
複数命令複数データ	76
ふくそう	135
復調	161
副プログラム	26
符号化	94
符号化ビット数	94
符号間距離	20
符号付き整数	3
符号なし整数	3
符号分割多重	167
符号理論	20
プッシュ	34

227

索引

物理設計 111, 184
物理層 131, 133
物理的セキュリティ 202
浮動小数点数 5
部分関数従属 112
部分木 34
プライベート IP アドレス
 ....149, 172
フラグメンテーション ...81
ブラックボックステスト
192
フラッシュメモリ 48, 52
ブランチ 34
プリエンプション 79
ブリッジ 135
プリプロセッサ...........105
ブルートフォース攻撃
215
フールプルーフ 68
プレゼンテーション層
 ....131, 137
プレフィックス表記.....147
フレーム同期 156
プロキシ 177
プロキシサーバ...........177
プログラミング.....24, 181
プログラミング言語.....100
プログラム 24
プログラム格納方式.....38
プログラム設計...........182
プログラム内蔵方式.....38
プログラム割り込み.....78
フロー制御 135
プロセス 76
フローチャート 28
ブロック誤り 16
ブロック暗号 209
ブロック符号 22
フロッピーディスク.......52
ブロードキャストアドレス
145
プロトコル...........130
プロトタイプ 182
プロトタイプモデル.....187

分解 162
分岐処理 26
分岐網羅 194
分散データベース 111
分配則 12

へ

平均故障間隔 69
平均修理時間 69
べき等則 12
ページ 85
ページアウト 85
ページイン 85
ベーシック手順...........156
ページング 85
ヘディング開始...........157
ベン図 12
変数 25
ベンチマークテスト.......64
変調 161
変調速度 166

ほ

ボー 166
ボイヤー・ムーア法.......31
保守 180
保守性 66
補助記憶装置 39, 52
補助単位 1
ホストアドレス部 144
保全性 66
ボット 207
ポップ 34
ホップ数 152
ホップバイホップルーティ
 ング 151
ポートスキャン 215
ポート番号...........173
ボトムアップテスト.....195
ホログラム 99
ホワイトボックステスト
194
本人拒否率 213

ま

マイクロコンピュータ ... 37
マークアップ言語........101
マージソート 30
待ち状態 79
マッシュアップ 183
マルチコアプロセッサ ... 40
マルチタスク方式 76
マルチプロセッサ 40
マルチプロセッサ方式...77
マルチメディア 99
丸め誤差 7

み，む

密結合マルチプロセッサ
 システム 77
ミドルウェア 73
ミラーリング 63
無効同値クラス 193
無手順 156

め

命令部 41
命令網羅 194
メインメモリ 39, 48
メインルーチン.......27, 29
メタバース 99
メッシュ型...........124
メッセージダイジェスト
209
メッセージ認証...........209
メモリカード 52
メモリコンパクション...81

も

網膜認証 213
網羅率 198
目的プログラム...........104
文字コード 87
文字化け 91
モーションキャプチャ
99
モックアップ 182
戻り値...............27

索引

モニタリング 64
もの 201
モバイルアプリケーション
　ソフトウェア開発..... 183

ゆ

有効同値クラス............ 193
優先度順方式 78
有手順......................... 156
ユーザストーリー 182
ユースケース 182
ユーティリティプログラム
　.................................. 73
ユニタスク方式............. 76

よ

要求設計 184
要件定義 180
要件分析 180
より対線 124

ら

ライトスルーキャッシュ
　方式............................ 50
ライトバックキャッシュ
　方式............................ 50
ライブラリ 27
ラウンドロビン方式....... 78
ランサムウェア 207
ランダム誤り 16
ランレングス符号 22

り

リアルタイム処理 60, 75
リグレッションテスト
　................................. 196

離散コサイン変換 95
リスクアセスメント..... 203
リスク移転 203
リスク回避 203
リスクコントロール..... 203
リスク集中 204
リスク低減 203
リスク転嫁 204
リスクファイナンス..... 203
リスク分離 203
リスクベース認証 209
リスク保有 204
リスクマネジメント..... 203
リスト 33
リバースエンジニアリング
　................................. 183
リピータ 134
リーフ 34
量子化 92
量子化雑音 94
量子化ひずみ 94
量子化ビット数............. 94
リレーショナル型データ
　ベース 111
リンカ 104
リング型 123
リンク状態方式............ 152
隣接交換法.................... 30

る

ルータ 122, 135
ルーティング 135, 151
ルート 34
ルートディレクトリ....... 85
ループ始端..................... 28
ループ終端..................... 28

れ

例外テスト 197
レコード 109
レジスタ 41, 47
レスポンスタイム 64
列 109
列指向データベース..... 111

ろ

ロー 109
ログイン 212
ローコード開発............ 183
ローダ 105
ロードモジュール 104
ロールアウト 83
ロールイン 83
ロールバック 118
ロールフォワード 118
論理演算 11
論理型言語................... 102
論理シフト 9
論理積............................ 11
論理設計 111, 184
論理的セキュリティ..... 202
論理和............................ 11

わ

和 115
ワークステーション....... 37
ワーム 205
割り込み制御 77
ワンタイムパスワード
　.........................212, 215

229

著者紹介

土屋誠司　博士（工学）

2002年　同志社大学大学院工学研究科博士前期課程修了
同　年　三洋電機株式会社 入社
2007年　同志社大学大学院工学研究科博士後期課程修了
同　年　徳島大学大学院ソシオテクノサイエンス研究部 助教
2009年　同志社大学理工学部インテリジェント情報工学科 助教
2011年　同志社大学理工学部インテリジェント情報工学科 准教授
2017年　同志社大学理工学部インテリジェント情報工学科 教授
2018年　同志社大学人工知能工学研究センター センター長（兼務）
2024年　同志社国際学院初等部・国際部 校長（兼務）
現在に至る

著　書　『はじめての自然言語処理』森北出版
　　　　『やさしく知りたい 先端科学シリーズ6　はじめてのAI』，
　　　　『AI時代を生き抜くプログラミング的思考が身につくシ
　　　　リーズ』全9巻，『身近なモノやサービスから学ぶ「情報」
　　　　教室シリーズ』全5巻，いずれも創元社

NDC548　　　239p　　　21cm

みんなのデジタル
コンピュータとネットワーク

2025年1月28日　第1刷発行

著　者　土屋誠司
発行者　篠木和久
発行所　株式会社　講談社
　　　　〒112-8001　東京都文京区音羽2-12-21
　　　　　　　販売　(03) 5395-5817
　　　　　　　業務　(03) 5395-3615

KODANSHA

編　集　株式会社　講談社サイエンティフィク
　　　　代表　堀越俊一
　　　　〒162-0825　東京都新宿区神楽坂2-14　ノービィビル
　　　　　　　編集　(03) 3235-3701

本文データ製作　株式会社エヌ・オフィス
印刷・製本　株式会社KPSプロダクツ

落丁本・乱丁本は，購入書店名を明記のうえ，講談社業務宛にお送りくだ
さい．送料小社負担にてお取替えいたします．なお，この本の内容につい
てのお問い合わせは，講談社サイエンティフィク宛にお願いいたします．
定価はカバーに表示してあります．

© Seiji Tsuchiya, 2025

本書のコピー，スキャン，デジタル化等の無断複製は著作権法上での例外
を除き禁じられています．本書を代行業者等の第三者に依頼してスキャン
やデジタル化することはたとえ個人や家庭内の利用でも著作権法違反です．

Printed in Japan

ISBN 978-4-06-537942-4